版权声明

MAKERSPACES: Remaking Your Play and STEAM Early Learning Areas by Robin Chappele Thompson and Michelle Kay Compton

Copyright © 2020 by Robin Chappele Thompson and Michelle Kay Compton

Published by arrangement with Redleaf Press c/o Nordlyset Literary Agency through Bardon-Chinese Media Agency

Simplified Chinese translation copyright © 2023 by China Light Industry Press Ltd. / Beijing Multi-Million New Era Culture and Media Company, Ltd.

ALL RIGHTS RESERVED

保留所有权利。非经中国轻工业出版社"万千教育"书面授权，任何人不得以任何方式（包括但不限于电子、机械、手工或其他尚未被发明或应用的技术手段）复印、拍照、扫描、录音、朗读、存储、发表本书中任何部分或本书全部内容，以及其他附带的所有资料（包括但不限于光盘、音频、视频等）。中国轻工业出版社"万千教育"未授权任何机构提供源自本书内容的电子文件阅览、收听或下载服务。如有此类非法行为，查实必究。

Remaking Your Play and STEAM
Early Learning Areas

幼儿园STEAM学习
创客空间设计与活动指导

［美］罗宾·查普尔·汤普森（Robin Chappele Thompson） ／著
米歇尔·凯·康普顿（Michelle Kay Compton）

程绍仁 ／译

中国轻工业出版社

图书在版编目（CIP）数据

幼儿园STEAM学习：创客空间设计与活动指导／（美）罗宾·查普尔·汤普森，（美）米歇尔·凯·康普顿著；程绍仁译．—北京：中国轻工业出版社，2023.8（2025.1重印）

ISBN 978-7-5184-4204-1

Ⅰ．①幼…　Ⅱ．①罗…　②米…　③程…　Ⅲ．①科学知识-学前教育-教学参考资料　Ⅳ．①G613.3

中国国家版本馆CIP数据核字（2023）第013249号

责任编辑：张天怡　　　责任终审：张乃柬
策划编辑：张天怡　　　责任校对：刘志颖　　　责任监印：吴维斌

出版发行：中国轻工业出版社（北京鲁谷东街5号，邮编：100040）

印　　刷：三河市双升印务有限公司

经　　销：各地新华书店

版　　次：2025年1月第1版第2次印刷

开　　本：710×1000　1/16　印张：18

字　　数：100千字

书　　号：ISBN 978-7-5184-4204-1　定价：72.00元

读者热线：010-65181109

发行电话：010-85119832　010-85119912

网　　址：http://www.chlip.com.cn　http://www.wqedu.com

电子信箱：1012305542@qq.com

版权所有　侵权必究

如发现图书残缺请拨打读者热线联系调换

242419Y1C102ZYW

译 者 序

再次受到"万千教育"的邀约,翻译罗宾·查普尔·汤普森(Robin Chappele Thompson)和米歇尔·凯·康普顿(Michelle Kay Compton)的另一著作,除了一如既往地感到荣幸之外,更高兴的是能够将她们关于儿童创客①的理念和思想引入国内,这也许是对我2005—2013年在比较教育领域学习和工作的一种奖赏。在全书的翻译过程中,我仿佛置身于丰富多彩的幼儿园里,和孩子们一起游戏、思考、探索和创作,从一个创客空间奔跑到另一个创客空间;琳琅满目的游戏材料更是将我瞬间带到了令人难忘的20世纪80年代的童年。每个人都有一个无法取代的童年,而童年应该是游戏的模样。在游戏里,孩子们可以自由地嬉戏、任意地说笑、无拘无束地创作和兴高采烈地分享。他们甚至可以在游戏里静静地发呆。本书的两位作者传递着纯粹的游戏精神,同时在她们的书里为我们呈现了那么美好的童年画卷。

2012年5月,美国联邦政府在全美范围内推行"创客教育计划"(Maker Education Initiative,简称MEI),旨在通过数量众多、设备齐全的创客空间大力培养青少年的创造能力、批判

---

① 英文为maker,这里指具有创新理念的人。本书与之相关的重要词语还有"创客运动"(maker movement)和创客空间(make space)。

性思维、动手能力以及协作能力,并逐渐使创客教育成为贯穿K-12 教育①系统的主要学习方式之一。相对来说,创客教育在我国的小学至大学阶段都有着不同程度的应用,而学前教育领域则涉猎较少。也许有人质疑创客教育在学前教育阶段的可适性,但汤普森和康普顿的著作不仅在实践层面证明了创客教育对学前儿童好奇心、观察力和创造力培养具有不可取代的作用,而且难能可贵的是创客教育对于儿童创造性思维发展的积极意义。这与深度学习、STEAM②教育、高瞻课程以及学习品质等诸多国外儿童教育思想具有高度的内在一致性。两位作者并未照搬创客教育在中小学教育的实践模式,而是用她们的理解和方式将其进行了儿童化改革,探索出一条极具辨识度的学前儿童创客教育模式。

在创客教育理念的基础上,两位作者详细介绍了美术、拼贴、建构及表演等七个创客空间的设计、创设和运行。每一个创客空间都有着属于它们的创作逻辑,里面蕴含着丰富的儿童创作思维。它们不是简单地拼贴,也不是单纯地建构。整个创客空间除了秉持创客教育的主旨思想外,还实现了传统幼儿园游戏区域的转变,完成儿童学习空间从二维到三维再到多维的跨越,打破了传统区域活动的范围,将儿童自主、自由和自在的精神融入创客空间活动中。在创客空间里,游戏材料的丰富性与新奇性同在,从普通积木到模块化机器人,孩子们都可以发现其中的奥妙与乐趣,创作出只属于他们的作品,而每一件

---

① 即从幼儿园到 12 年级的教育,其中"K"代表 kindergarten(幼儿园),"12"代表 12 年级。
② 即科学(science)、技术(technology)、工程(engineering)、艺术(arts)和数学(mathematics)的英文缩写。

作品又有着他们生活中深深的痕迹。在创客空间里，我们看到的是一个个未来不确定的孩子，他们的想法和行为时刻处在变化之中，而不变的是他们探索的欲望、创造的精神和主动的交往。这也提醒我们在学前教育工作中，更应该关注儿童发展过程中恒定的品质，这些才是支持他们走向不断成功的关键因素，也许这就是最好的入学准备和幼小衔接。

翻译的历程也是译者另一种深度学习的体验，其中最为深刻的感受便是汤普森和康普顿两位作者在著作中强调的创客思维。对 3—6 岁的小朋友来说，也许再多的诗词背诵和数理知识都远不如形成一种成长型的创客思维，使他们成为自己生活的观察者、探究者和主动学习的人。汤普森和康普顿提出并实践的幼儿创客教育模式融合了我们熟知的"5E"教学模式①、大六教学法②、STEAM 以及瑞吉欧等诸多教育理念，这不仅使创客教育在学前教育阶段成为可能，更在一定程度上改变了我们对于幼儿的认识，让我们重新思考究竟要将幼儿培养成为什么样的人，又该如何去做。推动创客教育在我国学前教育领域的普及和应用，除了要解决共同面对的问题外，更要在持续提高学前教育质量的基础上，构建良好的幼儿创客教育生态，实现幼儿学习与思维的根本性转变，由"做中学"转为更具意义的"创中学"。

---

① 一种建构主义教学模式，用以培养儿童的科学探究能力，包括引入（engagement）、探究（exploration）、解释（explanation）、迁移（elaboration）和评价（evaluation）5 个教学环节。
② 一种采用问题解决模式的教学法，英文为"Big 6 Skilles"，引导学习者通过界定任务（Task Definition）、搜寻资讯（Information Seeking）、定位后取得（Location & Access）、资讯运用（Use of Information）、综合（Synthesis）和评估（Evaluation）六大步骤达成有效学习。

区域没有界限，学习更应没有围墙。在学前教育领域学习和工作多年，谋求理论与实践的真正融合是我一直奋斗的目标，也是所有学前教育工作者实现专业"顶天立地"的最高理想。回望中国学前教育发展的百年，创客教育仍是一种新鲜事物，而汤普森和康普顿的著作为我们打开了一个新的世界。在这个世界里，尽管它会给我们带来前所未有的积极体验，但也会对我们提出更多挑战，尤其是如何将儿童创客教育本土化和落地化，如何将其有效地融入幼儿园的空间设计和游戏活动实施过程中，这些都是值得大家反复思考的问题。

整个翻译工作就像一段奇妙而又美好的旅程，一路上我惊喜于孩子们的探索和创造，感动于孩子们的无穷潜力，相信每一位看过本书的读者都会与我有相似的感受！在译作出版之际，分外荣幸与汤普森和康普顿两位原作者再次相遇于这里，也感谢她们将创客教育引入学前教育领域，将儿童游戏与儿童学习提升到一个前所未有的高度；感谢香港教育大学杨伟鹏助理教授和南京市实验幼儿园章丽园长对本书的倾情推荐；感谢"万千教育"对本人的信任，希望未来能够与他们共同奋斗在学前教育翻译工作的最前线；感谢张天怡编辑在翻译过程中的关心、帮助和支持，她对工作的热忱与全心地投入体现了我们每一个学前教育工作者的专业精神；感谢我的研究生彭凡凡、刘子一、孙双凤、赵慧妍、盛春玲和张涵六位同学在翻译过程中的协助。

限于译者水平有限，加之时间仓促，翻译不当之处，敬请读者批评指正。

程绍仁
2022 年 11 月

前言　一本送给所有创客的书

我是一名创客，也是一位思考者。
我想象、游戏、删改和修整。
我只需要空空的房间和一些东西，
就可以向全世界展示我的想法。

近年来，创客和创客运动已逐渐进入正式与非正式的学习环境。之前，我们通过故事创作推动年幼学习者参与创客运动，并将这种模式作为学习框架。我们发现，年幼的创客们运用创作环来想象、游戏、创作以及分享故事、各类想法、计划、观点和思考。通过研究和观察（在教室、各类中心、博物馆、图书馆和自主学习区[①]等），我们可以发现，如果给予儿童足够的创作资源和空间，那么所有儿童都将成为创客。

创客、创客空间和材料

随着教师对创客运动、创客的学习以及创客思维的发展了

[①] 英文为"homeschool community"。自主学习是流行于美国的一种教育形式：家长制订课程表、选择教材和课程内容，在家为儿童教学，或者多位家长轮流教学或请教师来家教学。——译者注

解得越来越多，他们更加希望在教室里创设创客空间。我们将创客空间定义为：所有年龄阶段的儿童都可以使用材料和工具进行想象、游戏、创作以及分享观点、计划、故事或思考的任何地方。任何地方都可以成为创客空间，而创客是使用材料创作对儿童来说重要的或有趣事物的人。在我们的创客空间里，儿童便是创客：他们是与开放性材料互动的艺术家、拼贴画创作者、建筑师、雕塑家、表演者、发明家、编织者、故事讲述者和作家。在创客空间里，一旦有机会探索多种多样的材料，他们就会以创客的身份投入其中。

创作对很多幼儿教师来说似乎有点令人紧张，因为其中很多内容都是针对年龄较大的儿童的，并以技术发展为目标，更多地聚焦于编码、机器人和其他可能需要特定专业知识的主题。据我们所知，在博物馆、学校、图书馆、大学和儿童中心工作的同行想要设计有吸引力的创客空间，但他们不知道从哪里开始，也不知道如何维护创客空间。本书将确保在图书馆、博物馆、教室、家庭托儿所等正式和非正式的机构中，在设有幼儿教育和基础教育专业的大学里以及儿童家庭中，所有与2—8岁儿童有关的工作者都能够接触创客运动。我们为有吸引力的创客空间的设计和布置奠定基础，并就具有发展适宜性的想法、材料和工具提供了建议。本书也提供了许多机构中不同创客空间的大量照片、一步一步推进的建议、在每个创客空间内保持儿童兴趣和学习的好主意，以及供你在创设创客空间时可用的课程计划。

"什么是创客"锚图

我们已经在学校、图书馆、博物馆和其他学习空间尝试过创设创客空间试点，与那些学前儿童和小学低年级的儿童共同努力，不断修整想法、尝试、重复、反思、再尝试。我们理解，如果你在正式的教育机构中工作，你就需要能够达到标准的熟练程度。本书提出了如何将正式或非正式教育机构中的典型区域和空间转换为使用开发性材料的创客空间的建议，其中材料的使用没有正确与错误之分，这样儿童便可以开展创客运动的学习实践。

为何创客空间如此重要

教育领域的创客空间包括"为儿童创设物理、心理和社会方面的环境，让他们通过有意义的、涉及人际关系的真实生活经验进行学习"（Dougherty，2016，p. x）。物理环境通常可以被看作学习空间的"第三位教师"①。创客空间为儿童学习新知识提供灵感和支持，并确保他们可以接触鹰架学习的材料和资源（Biermeier，2015；Ceppi & Zini，1998；Compton & Thompson，2018；Malaguzzi，1998；Peppler，Halverson，& Kafai，2016）。心理环境旨在支持儿童达到学业能力发展里程碑和标准，也是创客思维的体现。有人认为，创客空间是一种实践性社区，为学习者提供多种学习途径，让他们有为了实现学习目标而提高熟练程度和能力的机会，其中开放性材料可以鼓励儿童自我表达、发展创造力，并支持能动性和个性的发展（Blikstein & Worsley，2016；Brahms & Crowley，2016；Clapp et al.，2017；Peppler，Halverson，& Kafai，2016；Wardrip & Brahms，2015）。社会环境包括创客空间的合作学习文化，这里的材料与资源可以共享，儿童在创作过程中和完成作品时彼此帮助、分享和庆祝（Brahms & Wardrip，2016；Resnick，Eidman-Aadahl，& Dougherty，2016；Wardrip & Brahms，2014）。

---

① 意大利瑞吉欧·艾米莉亚的创始人洛里斯·马拉古奇（Loris Malaguzzi）认为，环境通过潜移默化的方式对儿童产生影响，这种影响是深远而又持久的，因此他认为环境是除了教师与家长之外的"第三位教师"。——译者注

培养创客思维

思维是"看待世界、存在于世界的一种方式"(Clapp et al., 2017, p. 87)。研究者已经总结出创客思维的基本特征,或者说我们期望培养儿童具备的积极品质(Barell, 2013; Dougherty, 2016; Regalla, 2016)。我们将这项研究与在教室、图书馆、博物馆和儿童中心所观察到的内容相结合,制定了创客思维的以下指标,供你在培养儿童的创客思维中使用。

- 创客应具有惊奇感。儿童"在摆弄新材料、探索新空间和研究自己所处的世界时会表现出好奇心"(Compton & Thompson, 2018, p. 53)。儿童对世界天生充满好奇,当我们设计创客空间时,需要充分考虑材料和空间是否能够"带给儿童感到好奇、神秘和进行发现的机会,以及能够激发儿童内在好奇心和探索欲的环境"(Heard & McDonough, 2009, p. 8)。

- 创客应是细心的观察者。当儿童成为一名敏锐的观察者时,他们会注意到自己世界里的各种细节,学会集中注意力,花时间思考周围的环境。学会近距离观察,并通过多种方式进行练习。"儿童可能会画画、列清单或给某个特定物体的多个部分命名,也可能口头描述错综复杂的事物……这些做法都会使他们养成慢下来的习惯。"(Clapp et al., 2017, pp. 131–132)我们的目标是培养能够深入思考的观察者。

- 创客应是STREAM① 的创新者。在利用材料、空间和过程进行创新时,儿童会对自己和世界有新的发现。他们会发

---

① 即科学(science)、技术(technology)、读写(reading/literacy)、工程(engineering)、艺术(arts)和数学(mathematics)的英文缩写。——译者注

现普通材料的新用途，为不熟悉的材料发明表征方式，并在游戏和创作中产生新的想法。他们将学习空间和材料相互融合，创造跨领域的学习机会。引入 STREAM 主题和焦点课程，可以为他们提供跨领域思考的工具，而跨领域思考也是成功的创新者的基本素质之一（Wagner，2012）。

- 创客应具有足够的社会性 – 情感效能。当儿童一起游戏和创作时，他们的社会性 – 情感能力就会形成，因为他们需要机会学习并练习分享、轮流和自我调节能力。贝利（Bailey，2015）鼓励教育者在公开场合和与儿童进行一对一交流时多关注他们乐于助人的、友善的行为。当儿童表现出这些行为时，他们就在逐渐内化社会性 – 情感效能。

- 创客应具有成长型思维。"成长型思维强化了一种信念，即一个人的能力可以通过成功、犯错和坚持的经验得以不断发展、改进和完善。"（Regalla，2016，p. 267）儿童在想象、游戏、创作和分享时，就会有机会形成成长型思维，而在做出决定、挑选材料、创作对他们有意义的东西时，他们就会树立一种"我能行"的态度，并在坚持不懈和不断克服各种困难后，获得自我效能和塑造性格。最后，他们可以在一个具有包容性的集体中反思和分享，探讨自己的失误，在需要时寻求帮助，共同庆祝成功。

- 创客应善于分享与合作。当儿童有机会在创客谈话时间分享自己所做的东西时，他们就可以通过学习共同体来询问建议、展示创作的过程和成果。创客运动鼓励群体里的儿童彼此激励，形成一种彼此分享想法的文化，从而让每个人都能有所创新并完成预想的目标。正如雷加拉（Regalla，2016，p. 267）所言："儿童通过交流想法，互相帮助，共同面对成功与挑战,就会形成一种合作与分享的文化。"

创 作 环

当儿童与材料、其他人互动并发挥想象力时,创作环就是探究教与学过程起点的地方。在创作循环中,儿童会遇到真实发生的问题("我怎样才能使它合适?"或者"我做不到,我该怎么办?")。创客运动的概念包括激发儿童的想象力,追随他们的兴趣,通过游戏和创作使他们能够接触有趣的开放性材料,让儿童与他人或所在群体(班级、家庭和当地社区)分享以展示他们的想法、故事、计划和历史。这种教学过程可以由创作环来表征。

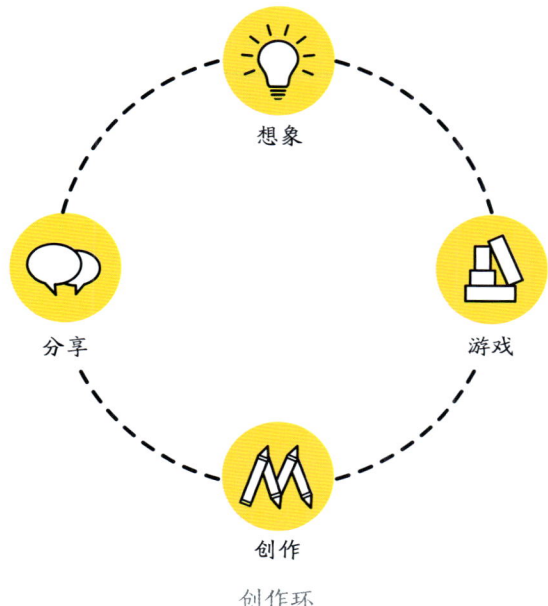

创作环

- 想象:我们为儿童提供诱导区(provocation)与邀请物以

激励他们的好奇心和求知欲，如独特且有趣的材料、可以用新的方式使用的普通材料、儿童文学、焦点课程以及其他可能启发儿童的东西。

- 游戏：事实一再证明，儿童通过游戏进行学习。在游戏过程中，他们与不同的材料和他人进行互动，熟悉材料的形态和功能，逐渐发展社会性–情感效能（Christakis，2017；Edwards，Gandini，& Forman，1998；Gopnik，2010；Heard & McDonough，2009；Mraz，Porcelli，& Tyler，2016；NAEYC[①]，2009；Resnick，2016；Wohlwend，2008）。
- 创作：在游戏持续了足够的时间后，儿童开始创作和建构他们想象的东西。在这段时间内，他们会发展能动性，形成个性，进行创客运动中的学习实践。
- 分享：无论是一个想法、计划还是故事，儿童都会很高兴地分享他们所做的事情或者讲述他们是如何做的。他们在创客谈话时间用多种语言分享，不仅包括口头表达，还有涂画、舞蹈和雕塑，以展现他们的学习情况并与其他人共同庆祝创作的成功。

创客思维的学习实践

研究者描述了儿童在机构内参与创作的学习实践（Brahms & Crowley，2016；Compton & Thompson，2018；Wardrip &

---

① 英文全称为 National Association for the Education of Young Children，即全美幼教协会。——译者注

Brahms，2015）。这些学习实践是儿童在创作环中展现的行为，表明他们正在学习。儿童可能会根据想象、游戏、创作和分享的不同背景，按照故事发生的顺序展现它们，或跳过它们。在创作环中，儿童会展现创客运动的以下学习实践：

- 质疑
- 修补
- 寻求与共享资源
- 改进与重新调整
- 表达意图
- 熟练
- 从简单到复杂

每次学习实践都浓缩了培养创客思维的各个方面，这是我们的首要目标。如果儿童没有形成创客思维，他们就不可能进行学习实践，因为它们有着千丝万缕的联系。接下来，我们将具体介绍创客运动的学习实践，同时强调创客思维发展的相关要素。

质　　疑

儿童天生就具有好奇心，对他们的世界充满疑惑。开放的态度、乐于探索及疑问会引发儿童的深度学习和不断发现。当儿童对日常生活感到敬畏时，你会听到他们说"那是什么"或者"我该怎么做"。好奇是创客思维的特征之一，为儿童创造探索、询问和受到鼓励的机会将有助于他们发展好奇心。

修　　补

当儿童使用材料和工具进行游戏，发现它们的功能和形态时，儿童就会摆弄起来。卡伦·威尔金森和迈克·佩特里奇（Karen Wilkinson & Mike Petrich, 2014, p. 13）将这种行为定义为"用双手思考，在实践中学习"。儿童可能会尝试不同的想法或表征方式，并反复练习，直到他们对结果满意。在这个过程中，他们经常评估材料和工具的性能。当你看到儿童正在操作材料或与材料进行互动的时候，你就会清楚他们正在调整自己的想法，试图弄清楚这些材料的功能，他们会说"这个不能弯曲"或"我尝试用积木建造一座城堡，但它总是倒下来"。当事情没有按照原定的计划进行时，自我意识和自我管理能力就会逐渐显现出来，因此，通过游戏发展社会性–情感效能也是创客思维的一种特征。

寻求与共享资源

学习空间为儿童提供了丰富的资源和材料。儿童在游戏和创作过程中会将彼此作为资源充分利用，例如，他们会问"你这样的想法是从哪里来的"或者"你是怎么创作它的"。这些都说明他们意识到了自己不清楚的地方，并表现出求知欲。材料也可以作为一种资源，在儿童了解材料的可供性（affordance）和局限性时促使儿童思考问题、发现新事物和调整操作。当儿童试图解决问题、学习、弄清楚事情并获得灵感时，书籍可以提供很好的信息。用于展示材料和工具的使用方法的锚图也可以为儿童提供有助于他们思考的信息和提示。当儿童彼此分享材料、工具和专长时，他们会通过建立关系、做出可靠的决定、发展分享与合作的心智倾向来形成社会性–情感效能。可以说，社会性–情感效能以及分享与合作的心智倾向是创客思维的重要组成部分。

改进与重新调整

儿童以创新的方式使用各种材料和工具。他们经常为熟悉的材料赋予新的用途和表征方式，将其从最初的使用目的中剥离出来，例如，一根工艺棒可以是一面堡垒墙、一个人物的身体或搅拌颜料的工具。儿童可以很容易地重新调整开放性材料的用途，这些材料在他们看来并没有特定的目的。儿童在游戏和创作过程中对材料的重复使用可以引发他们关于节约资源和分享资源的讨论，这有利于儿童形成分享与合作的心智倾向。培养成长型思维，建立自信和"我能行"的态度，所有这些都是创客思维的一部分。

表达意图

有的儿童在受到某个故事或材料的启发后会很快地表达自己的想法，例如，"我今天想做一个机器人"或者"我想去建构区"。其他儿童则在研究过材料并且有时间游戏和探索后才会制订短期或长期的计划。儿童对自我身份的认同往往是通过游戏、创作和分享不断发展的，随即形成自主性和成长型思维。你可能会听到儿童说"我能做到"或"我可以自己完成"。提供选择可以帮助儿童决定他们去哪里游戏和创作，并为他们发展能动性和性格创造机会。由此可以说，成长型思维是创客思维的一个特征。

熟　练

儿童在实践中使用材料、工具进行游戏和创作时，会不断地熟悉它们的性能，发展自我效能并开始冒险和创新。当儿童可以熟练地使用材料和工具时，他们就会成为其他儿童的资源，思维将不断发展，从而进行更深入、更复杂的学习。熟练使用材料和工具需要儿童的练习、努力和坚持，有助于他们形成成长型思维，这是创客思维的应有特征之一。

从简单到复杂

当儿童逐渐熟悉不同创客空间中的工具和材料后，你可能会看到他们从一个创客空间借用材料，结合使用另一个空间的工具和材料，以实现他们的想法和计划。结合使用不同空间和环境中的简单材料，儿童可以创造新的、有意义的、复杂的表征方式。例如，美工区有水彩，表演区有用于制作木偶的木头和编织材料。科妮莉亚决定用水彩给木偶的身体涂色以创造一个"正感到沮丧"的人物。这种跨领域的方法或STREAM创新方式是创客思维的一部分。当儿童探索材料时，他们会成为细心的观察者，通过对材料的部分、用途和复杂性的研究来展现自己独特的想法、故事和计划（Clapp et al.，2017）。虽然每个创作过程不尽相同，但创作环的每个阶段通常与学习实践和创客思维的发展相一致。

创作环中的学习实践与创客思维的发展

创作环	想象	游戏和创作						分享
创客运动中的学习实践	质疑	修补	寻求与共享资源	改进与重新调整	表达意图	熟练	从简单到复杂	分享
创客思维	好奇心	细心观察 社会性–情感效能 成长型思维 STREAM 创新						分享与合作

活动与探究

正如查卢福和沃思（Chaloufour & Worth，2004）在他们的"幼儿科学家"（Young Scientist）丛书中所指出的那样，在设计创客空间时，我们提倡聚焦于创客有力的学习实践，而不是围绕科学或数学某一特定领域标准来设置活动。在以活动为基础的主题研究和深度探究之间有一些关键的区别。当教育者注意到儿童的兴趣（如小汽车）或者课程或学习大纲中的某个主题（如三维图形）时，他们就可能选择材料和特定类型的积木开展活动。玩具汽车、船和积木可能隐含着这样的问题，比如"你如何建造一座桥让这些汽车过河？"儿童一定会参与活动中，但教师要对这个空间进行所有的想象和思考。他们在建构活动中选择的玩具——材料——往往不是开放性的，车代表着一辆车，船就是一艘船。这类活动虽然有助于儿童与数学和科学话题建立联系，但这与创作环中对科学、工程概念的探究关系不大。

开放式的创客空间会使儿童成为富有创造力的思考者。教育者可以观察儿童在创作时学习与交流的信息。为了让儿童进行探究而不是开展活动，可以结合使用开放性材料（loose part），我们将开放性材料定义为具有开放性、可重复使用或发现的东西，它们可以被用于搬运、操作、创新，也可以在多样化的环境中被用于探索和多种表征（Daly & Beloglovsky，2015）。教师可以用开放性材料表征车辆，并提出一些开放性问题来促进儿童思考，例如，"你能用这些材料建造什么？"在建构区深入研究桥梁会促使儿童相互交流他们的已有知识，表达对其他话题的兴趣。当你允许儿童用开放性材料进行创作以展现他们的想法时，你不仅是在推动他们参与探究的过程（创作环），也在发展他们的创客思维。研究支持成人使用开放性材料培养儿童的创客思维，因为任何开放性材料都可以促使儿童创作故事、获得灵感和完成计划。同时，班级内所有区域都可以被改造成培养儿童创客思维的创客空间（Daly & Beloglovsky，2015；Gauntlett & Thomsen，2013；Heard & McDonough，2009；McGalliard，2016）。

材料在创客空间中的重要角色

研究表明，材料可以在创作环的各个阶段促进儿童学习，并在创客运动的学习实践（质疑、修补、寻求与共享资源、改进与重新调整、表达意图、熟练以及从简单到复杂）中发展儿童的创客思维。创客运动植根于美国心理学家西蒙·派珀特（Seymour Papert）的建构主义："人工制品的建构，无论是程序、机器人，还是沙堡，都可以被用来与他人分享。"（Peppler，Halverson，& Kafai，2016，p. 5）

我们观察到，不仅材料能激发儿童的创作，与材料的互动通常也能促成学习实践的发生。研究表明，当儿童通过制作材料和运用材料进行思考时，材料在儿童的学习中扮演着不可或缺的角色（Dolphijn & van der Tuin，2012；Ingold，2012；Kind，2014；Penfold，2019；Taguchi，2011）。在创客运动的学习实践中，我们可以发现，儿童在接触材料中获得学习的证据。学习不一定是一次接触的结果，相反，多次接触会在儿童与材料之间形成联系与互动的网络。材料可以被应用于不同类型的学习形式，这取决于儿童具有什么样的基础（历史、背景知识、兴趣）以及材料的属性（形态、功能）。人类可以与材料在接触中进行对话，例如，"嘿！你为什么不能弯曲？我想让你弯曲，否则我就把你折成两段！"当然，材料不会说话，但它们会在与儿童的互动中展现力量和倾诉，而儿童会在学习和被材料改变的过程中成为积极参与者。与材料的联系、互动以及用材料进行变换的活动引导儿童对自己、他人和世界产生新的理解，这集中反映在儿童的想象、创作和分享中。在创客运动的学习实践中发展的创客思维取决于材料及其在儿童学习与发展过程中所发挥的作用（Dolphijn & van der Tuin，2012；Ingold，2012；Penfold，2019；Taguchi，2011）。材料的选择和探索对创客空间来说非常重要，我们将以故事作为本书每一章的开头，这些故事记录了儿童在特定创客空间内初次接触材料的情况。

创客空间中的 STEAM 学习

许多借鉴创客运动的书籍和项目都采用 STEM[①] 或 STEAM 学习作为他们所建议的学习活动的一部分。提及技术时，我们必须认识到，变得熟练的第一步是熟悉具体的工具，了解在数字世界中进行游戏和创作之前要知道它们如何运作。由此，我们增加了"R"代表读写。我们不能忽略这一点，因为读写能力对儿童的学习来说太重要了！

创客空间是 STEAM 学习的一种自然环境，因此，我们

[①] 即科学（science）、技术（technology）、工程（engineering）和数学（mathematics）的英文缩写。——译者注

在本书的每一章都强调了创客空间与 STEAM 学习的一些特定的、基于研究的具体联系（NGSS Lead States[①]，2013；NSTA[②]，2014；Texley & Ruud，2018）。本节也将说明，在创客空间之外不需要创设单独的 STEAM 区域。我们的目标是在创客空间中整合全领域的学习，并阐释如何在创客空间中呈现跨领域的学习方法。

本书主要内容

如果你是创客运动的新手，未曾创设过创客空间，那么本书将按先后顺序提供改造计划，将现有的教室区域转变为适合学步儿到 8 岁儿童的创客空间。如果你已经是经验丰富的创客空间创设者，并且正在计划创设一个特定主题的创客空间，或者想要在非正式的学习环境中创设临时的创客空间，那么请跳过相关章节。书中详细的列表和照片将会帮助你复制一个你想要的创客空间。模仿往往是学习的第一步，对吗？然而，我们希望你内化创客空间的组成部分，从而创设你自己的创客空间。以下是每章的组成部分：

1. 灵感与支持：想法、图像、锚图、焦点课程、儿童文学和技术
2. 主要材料：最初选用的材料，通常是一些基础性材料或画布

[①] 即美国《下一代科学教育标准》引领各州，其中 NGSS 的英文全称为 Next Generation Science Standards。——译者注

[②] 英文全称为 National Science Teaching Association，即美国科学教学协会。——译者注

3. 开放性材料：引入开放性材料，使主要材料复杂化

4. 工具与附件：用于调整、操作和连接材料的物品

    充分了解这些组成部分，将有助于你成为创客空间的创新者和设计者。

    第 1 章概述了全新创客空间的设计与布置，包括班级中可能已有的物品，并为其他章节提供参考。每一章都从儿童与创客空间中材料的互动记录开始，按照发展顺序探讨创客空间的目的和位置，以及它与 STREAM 的联系。接着，我们将说明相关的材料和工具，它们都被包含在从低技术性的艺术与人工制品向诸如编码和机器人之类的高新技术递进的连续体中。这些连续体将有助于你为创客空间计划材料和下一步。然后，我们将邀请你"想象创设"创客空间，并列举在创客空间中可以被有效采用的想法、材料和工具的示例，提供有关"游戏和创作空间"的不同照片。我们也将提供在创客空间中记录儿童学习的案例，分享焦点课程示例和促进创客思考的书籍，并建议接下来要如何发展创客空间。

    从美工区开始，第 2 章将阐述如何通过灵感与支持、主要材料和工具将其转变为创客空间。它将结合基于过程与结果的方法，聚焦于艺术元素并充分考虑美学和美观。第 3 章以美术创客空间为基础，提出一种拼贴创客空间。拼贴画是一种将开放性材料组合在一个二维图形上的三维美术作品。拼贴创客空间花费不多、有趣且较容易创设，我们认为你一定会喜欢。第 4 章将具体阐述如何将建构区转变为建构创客空间，我们也将提出诸多有关建构材料的建议，从不同类型的积木和硬纸板到木工、乐高积木再到可移动的编码积木（codeable moving block）。第 5 章将展示如何将橡皮泥区转变为雕塑创客空间，并建议用橡皮泥、黏土、箔纸、金属丝及物品制作三维的雕塑，如橡皮泥电路。第 6 章在之前的创客空间中增加运动、对话和行为，将娃娃家或戏剧表演区转变为表演创客空间，进一步完善服装设计、场景设计、道具设计以及角色设计。第 7 章将感官区转变为神奇的小小世界，创客可以在这里成为新的风景、居民和世界的创造者。第 8 章出现穿线、系带、编织和缝纫活动，将系带区等活动区域转变为纤维艺术创客空间，儿童可以用他们不熟悉的材料进行游戏和创作，并庆祝他们努力的成果。由于创作环强调儿童与同伴、家人或其他志趣相投的创客们分享的重要意义，因此第 9 章将进一步阐述将创客谈话时间作为鼓励交流的一种方式，以发展支持性的创客共同体。在每一章的结尾部分，我们会在焦点课程的"分享"环节重点呈现创客谈话中的观点。

空间转换的下一步

在前文的介绍中，我们已经抛出了很多问题，但不要担心！请跟着我们！你可以利用已有的空间将游戏区转换为创客空间。你不需要花费一大笔钱就可以摆脱已有的问题和负担，成为一名技术专家，只需做一些简单的调整，就能为儿童创设漂亮且富有成效的创客空间。这种转变并不是一定要一次性完成，我们建议一次做一点。选择一个你喜欢的空间，添加一些想法以激发儿童的想象力，或将儿童之前不经常光顾且感到厌倦的空间重新打造，我们只需做一些简单的改变就会使儿童重新回到这个空间，并且以你感到舒适的方式完成。我们有许多好的点子，但这取决于你决定采用什么想法，以及在什么时候以什么方式使用它们。我们只要求你随时与我们保持联系，向我们展示你如何改进和重新调整，从而创设你自己的创客空间。

你是你自己空间的创造者、设计者和改进者。在本书中，你将会看到一些案例、照片、描述和提示，这些都旨在激励你创设儿童需要的创客空间。当你开展计划和教学的时候，你也正在参与创作环，投身于创客运动的学习实践。让我们一起开始这段旅程，就在这里，就是现在，尽情想象，在充满力量的创客空间里，帮助儿童接受更好的教育。创客空间根植于游戏，它会让儿童成为艺术家、拼贴画家、建筑师、雕塑家、表演家、发明家、故事讲述者和作家……以及创客。

目　　录

第 1 章　设计与创设创客空间　　1

故事激发创作　/ 1
为什么创设多元创客空间　/ 4
将教室改造为创客空间　/ 5
创客空间中的 STREAM 学习　/ 6
想象一下，创设一个新的创客空间　/ 7
用于游戏和创作的空间　/ 17
鼓励创作的更多空间　/ 19
分享我们的想法　/ 20
空间改造的下一步　/ 24

第 2 章　美术创客空间　　27

故事激发创作　/ 27
为什么首先向儿童介绍美术创客空间　/ 30
将美工区改造为美术创客空间　/ 30
美术创客空间中的 STREAM 学习　/ 34
想象一下，创设一个美术创客空间　/ 34
用于游戏和创作的空间　/ 42
让更多的创客空间激发创作灵感　/ 46
分享我们的想法　/ 48
空间改造的下一步　/ 53

第 3 章　拼贴创客空间　　　　　　　　55

故事激发创作　/ 55

为什么接下来向儿童介绍拼贴创客空间　/ 57

设计一个拼贴创客空间　/ 57

拼贴创客空间中的 STREAM 学习　/ 61

想象一下，创设一个拼贴创客空间　/ 61

用于游戏和创作的空间　/ 67

让更多的拼贴创客空间激发创作灵感　/ 70

分享我们的想法　/ 73

空间改造的下一步　/ 75

第 4 章　建构创客空间　　　　　　　　77

故事激发创作　/ 77

为什么接下来向儿童介绍建构创客空间　/ 80

将积木区改造为建构创客空间　/ 80

建构创客空间中的 STREAM 学习　/ 84

想象一下，创设一个建构创客空间　/ 85

用于游戏和创作的空间　/ 90

让更多的建构创客空间激发创作灵感　/ 94

分享我们的想法　/ 96

空间改造的下一步　/ 100

第 5 章　雕塑创客空间　　　　　　　　101

故事激发创作　/ 101

为什么接下来向儿童介绍雕塑创客空间　/ 103

将橡皮泥区改造为雕塑创客空间　/ 104

雕塑创客空间中的 STREAM 学习　/ 106
想象一下，创设一个雕塑创客空间　/ 107
用于游戏和创作的空间　/ 113
让更多的雕塑创客空间激发创作灵感　/ 117
分享我们的想法　/ 121
空间改造的下一步　/ 125

第 6 章　表演创客空间　　127

故事激发创作　/ 127
为什么接下来向儿童介绍表演创客空间　/ 129
将娃娃家和戏剧游戏区改造为表演创客空间　/ 130
表演创客空间中的 STREAM 学习　/ 133
想象一下，创设一个表演创客空间　/ 134
用于游戏和创作的空间　/ 138
让更多的表演创客空间激发创作灵感　/ 141
分享我们的想法　/ 144
空间改造的下一步　/ 147

第 7 章　小小世界创客空间　　149

故事激发创作　/ 149
为什么接下来向儿童介绍小小世界创客空间　/ 152
将感官区改造为小小世界创客空间　/ 153
小小世界创客空间中的 STREAM 学习　/ 157
想象一下，创设一个小小世界创客空间　/ 157
用于游戏和创作的空间　/ 165
让更多的小小世界创客空间激发创作灵感　/ 169
分享我们的想法　/ 172

空间改造的下一步 / 177

第 8 章　纤维艺术创客空间　　179

故事激发创作 / 179
为什么接下来向儿童介绍纤维艺术创客空间 / 182
将系带区或纤维项目区改造为纤维艺术创客空间 / 183
纤维艺术创客空间中的 STREAM 学习 / 187
想象一下，创设一个纤维艺术创客空间 / 188
用于游戏和创作的空间 / 193
让更多的纤维艺术创客空间激发创作灵感 / 196
分享我们的想法 / 199
空间改造的下一步 / 203

第 9 章　创客谈话时间　　205

故事激发创作 / 205
为什么向儿童介绍创客谈话时间很重要 / 207
重新为创客谈话设置分享时间 / 208
创客谈话时间中的 STREAM 学习 / 211
想象一下，让儿童参与创客谈话时间 / 211
创客谈话时间的组成部分 / 213
在博物馆散步中分享 / 219
在创客谈话时间采用其他"语言"进行分享 / 221
用于游戏和创作的空间 / 222
让更多的分享空间激发创客谈话 / 225
分享我们的想法 / 227
从分享时间向创客谈话时间转换的下一步 / 230

结语　/ 231

附录 A　写给家长的一封信　/ 233

附录 B　学习实践记录表　/ 235

附录 C　班级一览记录表　/ 237

附录 D　艺术元素　/ 239

参考文献　/ 245

第 1 章

设计与创设创客空间

我在探索面前的材料,

带着各种可能放飞想象。

作为一名创客,我发现了许多创作的方式。

材料将引导和帮助我与他人交流。

故事激发创作

它们看起来就像普通的白纸袋,没有什么特别之处。有些还皱巴巴的,也许是因为它们的经历对它们来说有些艰难。但对儿童来说,它们不仅仅是普通的白色纸袋,还是装满秘密的袋子——宝物袋,秘密从缝隙中挤出来。儿童想象着袋子里装满了各种各样神奇的"宝

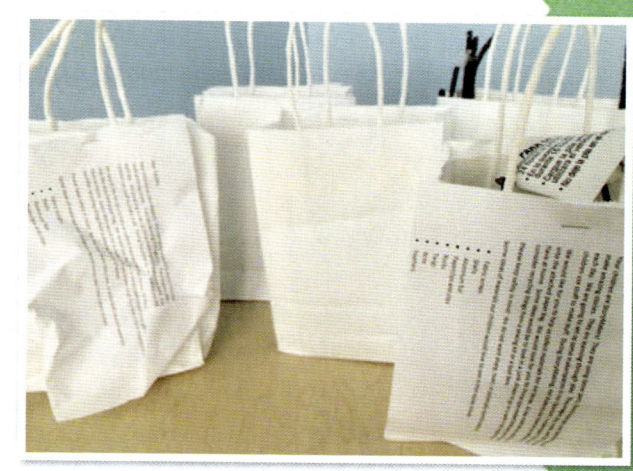

从家里带来的纸袋装满了常见的材料、可回收物和开放性材料

物",迫不及待地想一探究竟。

最后,是时候打开这些纸袋看看里面的珠宝、金属和其他材料了。这些"宝物"多么神奇啊!

当儿童在"战利品"中搜寻时,常见的材料对他们来说变得神奇起来:闪闪发光且颜色多样的珠子、木棒、亮晶晶且破碎的项链、贝壳和各种大小的螺丝钉。关于海盗、美人鱼和水下冒险的讨论将立刻开始。接下来,当另一个大袋子里的东西被倒进一个透明的大塑料储物箱里时,每个儿童都会围过来。这里有鞋带、毛根、绳子、瓶盖、纸板、回形针、细线、石头和吸管。每个儿童都被邀请用这些东西装满一个容器,并把它们带到桌子上进行游戏、探索、分类、整理、堆放、倾倒和创作。

每个儿童都将他们的宝贝放在一个金属烤盘上,并仔细琢磨宝贵的零碎物品。他们摆弄、切割、抚摸、分类、交换、整理并谈论着他们喜欢的材料。他们制作公园里的秋千,还有卡

材料促使儿童好奇和敬畏

车，用材料假装旅行，还和朋友分享冒险的经历。儿童对材料和世界感到敬畏。材料向他们传达着这样的信息：他们将会有惊人的发现。

这是一场奇妙的材料冒险之旅的开始。儿童想象、游戏、创作和分享他们的故事、想法、计划及思考，这些都受到他们收集

随着儿童带来的材料越来越多，我们将它们倒在一个更大的箱子里

儿童探索、修补、改进和重新调整那些从家里带来的材料

这两张照片分别展示了宝物袋里的东西

的、从家里带来的、探索的、质疑的、探究的和整理的材料的启发。在冒险活动结束后，这些材料将在每个创客空间的收纳箱里找到自己的"家"。

我们用儿童与材料的互动来导入每一章内容，因为我们发现"儿童用视觉材料建构意义的愿望通常会受到材料的启发。漂亮、有趣、吸引人的材料会让人想去触摸、使用和摆弄"（Massey，2017，p. 7）。聚焦于材料如何引导儿童发现和学习的引言，将开启本章关于创客空间的重点阐述。第一个故事展现了儿童和家长们在年初兴奋地收集并带到教室的材料。

为什么创设多元创客空间

正如在你当前的学习空间中有多个活动中心、STEM 挑战区或游戏空间，我们建议你使用已有材料在当前的学习空间中设计并创设多元创客空间。不用担心，我们会在空间的创设过程中提供支持。

你可以运用已有的一切一次转换一个空间。将现有的区域转换为创客空间，你只需要在游戏区中增加意图和目的。利用已有的空间、本书带给你的启示——想法、示例、课程、问题、推荐的儿童图书以及已有的简单材料，你将会激发儿童的好奇心，促使他们注意和关注周围的环境，推动他们实现跨领域的思考，鼓励他们进行社会性-情感学习，赞扬他们的分享与合作，培养他们的创客思维。

将教室改造为创客空间

在本节中，我们将举例说明如何将现有的教室改造为每一章所介绍的创客空间。请按照以下步骤开始。

- 选择一个你想要转换的区域，你想转换的是儿童不常使用的区域吗？还是儿童喜爱的空间？或者是一个新的空间？
- 你预计会有多少儿童在这个空间里进行游戏和创作？这将决定你需要使用什么材料和创设什么样的空间。
- 灵感与支持：选择一本儿童图书，提出一个问题，这个问题要与你所创设的创客空间相匹配。
- 主要材料：盘点你已有的主要材料，先选择一两种材料放在空间里，再思考移除、储存或重新整理那些可以在年末作为新的主要材料而被投放的玩教具，从而更好地保持儿童的游戏和兴趣。
- 开放性材料：思考你所有的开放性材料，一开始选择1~3种开放性材料，将其投放到儿童的游戏和创作中。

> **布置与审美**
>
> 我们根据材质整理主要材料和开放性材料，类别包括塑料类、纺织类、金属类、自然类、木材类、玻璃类和纸张类。如果这对你来说有帮助，那么试试吧。如果没有帮助，就使用一个适合你的材料分类方法吧。

- 工具与附件：在条件允许时，选择那些可以支持儿童用主要材料和开放性材料进行创作的工具。

在理想的情况下，你最初创设的创客空间会使儿童感兴趣几周。但是，随着时间的推移，你也许会发现儿童的兴趣在减退，这时可以添加一个新的或不同的材料，或选择一种新的开放性材料代替现有的材料。新的开放性材料会激发儿童的好奇心进行创作，这没有对错之分。你可以使用与当前学习单元和主题相一致的现有材料，这将不断地激发儿童的好奇心。

用于创设新的创客空间的游戏和创作连续体

手工艺术 ←——————————————————————→ 高新技术

思考你的材料是封闭性的（具有预设的正确或错误的用途）还是开放性的（可以表征多种事物，没有预设的用途）。我们的目标是渐进地引入更多的开放性材料，最终将那些不能引起儿童兴趣的封闭性材料搁置一边，直到儿童在改造后的空间里更多地使用开放性材料而不是封闭性材料。	你会注意到，儿童在创客空间中停留的时间更长，且更多地使用开放性材料。当儿童在游戏和创作时，你可以关注并记录他们的学习实践。当儿童熟练地使用主要材料和开放性材料时，可以考虑引入更复杂的工具和附件。	如果你注意到儿童感到无聊，你就可以轮换一些有趣的新材料，或者在焦点课程中介绍一种新技术。分析儿童的学习实践，观察他们创客思维的发展过程。介绍一些更复杂的材料，如可拆卸的材料、数字应用程序和适宜的高科技材料。

创客空间中的 STREAM 学习

在每个创客空间都可以发现 STREAM 学习的元素。伴随儿童学习的不断深入，我们会为儿童提供有针对性的语言支持。

我们也十分注重在每个创客空间中为儿童提供进行跨领域学习和创新的机会。接下来，我们将从创客运动与 STREAM 各领域相关的首要目标开始。

促进创客运动与 STREAM 学习联系的提示语

科学	• 探索自己周围的世界（"你能想象用这些材料做些什么？"）
技术	• 熟练地选择和使用合适的工具（"当你用材料游戏和创作时会使用什么工具？"）
读写	• 培养儿童作为读者和作者的身份认同，以及与他人交流的能力（"你想怎样分享你的计划、主意、想法和故事？"） • 在大声朗读和认知故事结构中探寻意义（"你会用这些材料想象什么样的故事？"）
工程	• 发现问题并找到可能的解决方案（"当你使用这些材料进行创作时会用什么方法？"）
艺术	• 以发展适宜性的方式识别和应用艺术元素（"你在创作时如何运用有关色彩/形状/线条/空间/设计的知识？"） • 培养儿童作为创作者和艺术家的身份认同（"作为一名艺术家/画家/拼贴画家/雕塑家，你会想象用这些材料创作什么？"）
数学	• 认识形状、计数、测量和比较（"你会用工具/测量/形状/数量方面的什么材料创作你想象的东西？"）

想象一下，创设一个新的创客空间

想象是创作环的第一步，这对教师和年幼的儿童来说是一样的。每一章的本节内容都强调了创客空间的目标或目的、在设计和创设中提供灵感与支持的资源，以及每个创客空间可能使用的主要材料、开放性材料、工具与附件。我们将用照片记录我们所设计的创客空间，然后讨论一些可能做出改变的部分。

在逆向设计的前提下，我们创设创客空间的时候应设立一个目标。我们的目标是让儿童参与到这些空间的活动中，与有趣的材料、工具和附件互动，帮助他们形成身份认同，培养他们多种认知和深入思考的能力;激发他们表达思想、感受和认知的潜能;并为他们提供发挥创造力、想象力和灵活思维的机会(Eckhoff,2017)。

设计一个新的创客空间的第一步是确定它的目的,这与培养年幼创客的身份认同有关,如艺术家、拼贴画家、建筑师、雕塑家、表演者、发明家、编织者、故事讲述者和作家。你的目的也许需要基于你想要关注的学习实践、创客思维的某个特征,或者当前的课程目标或社会性-情感学习目标。你知道儿童需要什么,他们的兴趣是什么,因此你是决定目标的最佳人选。我们提供了一些目标示例用以启发你,为你提供主意,但可能性仅限于你的想象力和资源。

这里展示的创客空间的目的是在儿童塑造角色的过程中培养他们的表演者身份,让他们关注细节。乔斯文正在想象用自然类的开放性材料创作一个角色。

用适宜的材料创设的创客空间:1.灵感与支持(指示牌、书籍);2.主要材料(木制品);3.开放性材料(苔藓、覆盖物、橡子、石头和其他天然物品);4.工具与附件(剪刀、胶棒、液态胶)

灵感与支持

为了实现你的目标,下一步要提供灵感与支持。本节的目的是为你创设有效的创客空间提供灵感,激发儿童的想象力。每一种空间都有这样一个指示牌,你可以在上面展示相关材料的照片和开放式的问题,以激励儿童创作。以下是灵感来源:

- 引发儿童探索材料的邀请物
- 共同大声阅读
- 新颖有趣的材料
- 焦点课程
- 提出或张贴的引导性问题

我们的目的是激发儿童的想象力,鼓励他们的好奇心,唤起他们的求知欲。对于这个创客空间,我们推荐帕特里夏·托特(Patricia Toht)的《女孩子的穿搭日记》(*Dress Like A Girl*)这本书和一个有吸引力的指示牌,"你能想象用自然材料设计一个什么样风格的创客空间吗?"

有时候,非常好的灵感就是一种支持方式。支持可以包括以下内容:

- 以可视化的方式呈现新工具和技术的具体使用步骤的锚图,其中锚图"是你与儿童在焦点课程上共同设计的图表,以支持儿童的

乔斯文对苔藓很好奇,他正在研究它并思考它的特性

思考"（Compton & Thompson，2018，p. 20）
- 促进儿童跨领域探索的引导性问题（STREAM）
- 创客空间里其他儿童的项目或故事中的模型或照片
- 可以作为示例且带有插图的虚构类和非虚构类图书

我们将在每一章提供灵感与支持的不同案例，这样你就会有大量的机会激励儿童。

主 要 材 料

主要材料就是你选择的第一种材料。在大多数创客空间中，它通常是儿童游戏和创作的基础。在具有代表性的创客空间中，主要材料往往是木棒，它们一般被用作设计木偶的基础性材料。

我们将在每章提供许多创客空间中使用的不同主要材料的示例。照片会展示如何在每个空间中使用一种主要材料来达成学习目标，以及在每个创客空间可以找到哪些主要材料。下表列出了一些你当前改造游戏区域所需要的基础性材料。

你可能常用的创客空间材料

创客空间	常用的主要材料
美术	纸张（水彩画纸、美术纸、复印纸、卡片纸）
拼贴	毛毡布、美术纸、剪贴簿纸、大照片、餐垫
建构	木质积木、纸板砖
雕塑	橡皮泥
表演	木棒、衣夹、硬纸板、纸、布料、围巾、毛毡布
小小世界	沙子、水、干豆子、干大米
纤维艺术	纱线、丝带、布料

第 1 章　设计与创设创客空间　　11

美术创客空间的主要材料

拼贴创客空间的主要材料

建构创客空间的主要材料

雕塑创客空间的主要材料

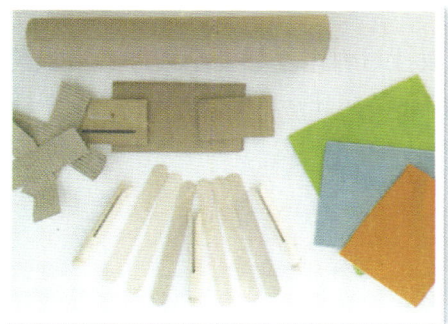

表演创客空间的主要材料

小小世界创客空间的主要材料

纤维艺术创客空间的主要材料

开放性材料

我们有很多种开放性材料。选择一种特定的开放性材料，让儿童更容易注意并接触该类开放性材料的纹理、平衡、颜色、形态、功能和创新。可以为某种开放性材料提供多种可能性，邀请儿童深入了解材料及其属性和用途。在每个学习单元中，我们都会选择一种特定类别的材料，因此，我们建议你在全年任何需要的时候给儿童的家长写一封信，以此储存或补充创客空间的资源（见附录 A）。

我们在创客空间使用开放性材料来增加复杂程度、增强美感，使儿童的思维可见。我们使用的开放性材料类别如下：

- 自然类
- 木质类
- 纸张类
- 纺织类
- 塑料类
- 玻璃类
- 金属类

为年幼的创客做出调整

对年幼的学习者来说，我们通常建议从一两个开放性材料开始，然后逐步积累 3~5 个不同的开放性材料。使用数量有限的开放性材料可以让年幼的儿童更加深入地研究，了解它们各部分的形态和功能，这样儿童就可以更容易地修补、改进和重新调整。

自然中木质类开放性材料

木质类开放性材料

纸张类开放性材料

纺织类开放性材料

玻璃类开放性材料　　　　　　　　金属类开放性材料

布置与审美

在美国佛罗里达州奥卡拉市的金德鲁儿童学园的工作室里，开放性材料被摆放在透明的容器里。它们不仅漂亮，而且方便教师看到和取用，从而轻松地想出设计漂亮的创客空间的多种可能性。

开放性材料

自然类	木质类	纸张类/纸板类	塑料类	金属类/反光类	纺织类	玻璃类
• 橡子	• 衣夹	• 硬纸板邮筒	• 夹子	• 风管	• 沙包	• 门把手
• 树皮	• 软木塞	• 信封	• 气球	• 铝罐盖	• 毛毯	• 珠宝
• 蛤壳	• 高尔夫球钉	• 杂志	• 饮料瓶盖	• 铝箔	• 粗麻布	• 玻璃珠
• 椰子壳	• 火柴棍	• 马尼拉文件夹	• 游戏币	• 活页夹环夹	• 棉球	• 放大镜
• 浮木	• 调色盘	• 报纸	• 纽扣	• 瓶盖	• 小桌布	• 弹球
• 羽毛	• 木头碎片	• 旧卡片	• 光盘盒	• 紧固件	• 绣花线	• 镜子
• 花瓣	• 原木片	• 纸蛋盒	• 玻璃纸	• 面包扎带	• 纺织条带	• 马赛克瓷砖
• 花（季节性）	• 木棒	• 纸巾	• 咖啡包	• 电路板	• 毛毡布	• 棱镜
• 叶子	• 木质娃娃夹	• 纸管	• 窗帘环	• 钥匙	• 法兰绒	• 海玻璃
• 原木	• 木地板块	• 便利贴	• 骰子	• 金属滤网	• 鞋带	
• 苔藓	• 木把手	• 纸巾盒	• 多米诺骨牌	• 聚酯薄膜	• 绒球	
• 巢	• 木质线轴	• 纸巾	• 调酒棒	• 钉子	• 丝带	
• 坚果			• 荧光棒	• 螺母、螺栓和垫圈	• 粗绳	
• 松果			• 购物袋	• 纸夹	• 围巾	
• 南瓜/葫芦			• 排水槽（斜坡）	• 毛根	• 弹力带	
• 岩石/鹅卵石/石子			• 卷发器	• 螺丝	• 防水布	
• 海玻璃			• 记号笔帽	• 镀银餐具	• 合股线	
• 贝壳			• 数学教具	• 汽水标签	• 纱线	
• 种子			• 旧胶卷	• 弹簧		
• 海绵			• 气泡膜	• 手表零件		
• 木棍/树枝			• 乒乓球			
• 稻草			• 塑料珠子和项链			
• 葡萄藤			• 塑料杯			
• 核桃半			• 管道连接卡扣			
• 原木片			• 小马珠			
			• 游泳池浮条			
			• 聚氯乙烯水管			
			• 吸管			
			• 磁带卷（空的）			
			• 线轴（空的）			

布置与审美

有无限种摆放和展示开放性材料的方式。反复使用日常用品或升级利用的包装材料时，可以用更具美感的方式储存和展示开放性材料。可以选择透明的封闭式容器存放开放性材料。为了在创客空间展示开放性材料，开放的、方便取物或带有小盖子的容器效果最好。当材料被倒入这些容器里时，它们就会变成"创意罐"，为儿童想象、游戏、创作和分享做好准备。

工具与附件

工具是用来操作材料的物品，创客空间的常用工具包括：

- 剪刀
- 直尺或其他尺子

附件是一种连接材料，可以帮助儿童将两个或多个物体——通常是开放性材料——连接在一起，典型的附件包括：

- 胶水
- 胶带
- 金属丝
- 活页夹和回形针
- 毛根
- 绳/线

我们为每个创客空间列出了特定的工具与附件，并建议了可靠、好用的材料。教师在选用它们时，也要考虑安全问题。

"创作环"和每章中的"想象"部分都会激发儿童的想象力。现在，让我们一起开始游戏和创作吧！

用于游戏和创作的空间

本节将提供一个在特定创客空间中记录的故事。每个故事都强调创客空间的创设目的,解释儿童在经历创作环的过程中如何进行学习实践,我们为此拍摄了照片。接下来,我们展示了许多不同的材料、工具与附件的图片,以及它们在特定创客空间中不同用途的照片。每章都有一张照片展现创客空间中儿童社会性－情感效能的发展,标题为"做标记"。

这是第一个故事记录,叙述了儿童收集到的日常材料和开放性材料带来的创作力量,以及它们对这些年幼创客的学习的影响。

亨特很好奇地将瓶盖摞了起来

亨特边研究瓶盖的材料,边做调整

在调整完材料后，亨特开始用颜料画圆形

这个涂色作品是亨特给妈妈的完美生日礼物，展现了他作为艺术家和创作者的天赋

在这所公立学校四五岁儿童[①]所在的教室里，这是忙碌的一天，有许多创客空间可以供儿童选择。当我们从一个创客空间走到另一个创客空间时，儿童正在游戏和创作中投入、好奇、互动与合作。例如，在美术创客空间中，儿童在研究圆形时，使用不同的圆形开放性材料以获得灵感。

当将新材料介绍给儿童时，他们经常会摆弄、堆放和倾倒（真的！）这些新材料。在开始创作之前，他们需要弄清楚各种材料的形态和功能。这天，亨特最好奇的是他在拼贴创客空间发现的塑料盖，孩子们在这个空间里正在用塑料类的开放性材料创作拼贴画。"这些东西为什么在这里？这些都是做什么用的？"亨特从来没有想过在游戏和创作中会用塑料盖做什么。他决定给塑料盖涂上颜色，然后将这些塑料盖带到美术创客空间，从而创造一个跨领域的学习机会。

亨特尝试几次想让颜料粘在塑料盖上，后来他弄明白了，他需要添加更少的水才能让颜料更稠。最后，他成功了！他非常喜欢自己新的涂色作品，打算把它晾干后送给妈妈做生日礼物。

[①] 美国小学的prekindergarten班级招收四五岁儿童，他们之后进入学前班（kindergarten）。——译者注

以下是美术创客空间中儿童学习实践的可观察指标。

创客空间中的学习记录

引导创客思维发展的学习实践	学习实践中的可观察指标
质疑	亨特很好奇瓶盖为什么在创客空间里,他问道:"这些东西为什么在这里?这些都是做什么用的?"
修补	亨特堆叠和摆弄瓶盖,试图让它们保持平衡。
寻求与共享资源	亨特通过将材料(瓶盖)作为一种资源,帮助自己弄清楚颜料的特性,以及如何使用工具在瓶盖上涂色。他在创客谈话时间分享了他的新知识。
改进与重新调整	瓶盖被重新调整,成为画圆形的涂色工具。
表达意图	亨特说,他想"画很多的圆形"。
熟练	亨特在这件事情上花费的时间越多,试图弄清楚如何将颜料涂到盖子上,他对整个操作过程就会越熟悉。
从简单到复杂	亨特结合使用两种简单的材料(塑料瓶盖和颜料),为自己创造了坚持不懈和进行复杂思考的机会,并逐渐建立起作为艺术家的身份认同。

鼓励创作的更多空间

本节提供了更多在特定创客空间中使用的不同主要材料和开放性材料的图片。这是一个让你从各种可能性和想法中获得灵感的机会。

做标记:整理并存放材料,以便同学们和朋友们更容易找到和使用它们

分享我们的想法

在每一章中，我们都会为你分享一些经验，你可以在创客空间里尝试一下。

关于从家中带来的材料的焦点课程

目的：儿童通过好奇、收集、探索和整理材料来发挥想象力。

材料

- 宝物袋
- 大张的美术纸或白纸，或饼干托盘，或任何可以装开放性材料的容器（我们使用的是自助餐厅里的塑料麦片盒）
- 在图纸上绘制"创客做什么"和/或"什么是创客"的锚图
- 记号笔
- 用于记录的照相机
- 装着3~5个开放性材料和其他可以找到的材料的袋子

聚焦和探索

导入："早上好，小创客们！你们还记得昨天_____分享了自己在游戏和创作时使用的材料吗？他让我对这些材料很感兴趣，我想知道，在我们的创客空间里可以放置什么样的新材料，我总是对新材料和我们可以用新材料做什么很好奇。"我们要给儿童一个机会，让他们分享自己对新材料的好奇。"所以，今天我们要发挥想象力，想一想可以在家里找到哪些有趣的材料，然后将它们放到用于游戏和创作的创客空间里。"

教学："想一想，创客是什么。创客用双眼关注和观察他们周围的环境。你知道这意味着什么吗？"为儿童提供思考和分享的机会，同时思考"创客是什么"，用锚图的形式记录他们所说的内容。"是的，创客用双眼发现和近距离观察事物。这是使我们每个人成为创客的奇妙特点。现在，让我们讨论一下创客需要做什么。"展示新的锚图，突出创客好奇的内容。"让我们通过观察和想象我们能创作什么来练习探究。"从宝物袋里拿出一个开放性材料。"看看我在附近散步的时候发现了什么！"从袋子里拿出一块石头。"一块石头！你注意到了这块石头的什么？"让儿童注意这块石头的特征、形态和功能（坚硬、棕色、光滑）。"创客们也会倾听其他创客的想法，向其他创客学习，想出新的主意以及自己能用这些材料做什么。我想知道，如何在创客空间里使用这块石头。大家请闭上眼睛！想一想，你在游戏和创作时会如何使用这块石头。想，想，想。"给儿童一些思考的时间。"转向你的伙伴（或挨着你的人），分享你将如何在一个想法、一个计划或一个故事中使用它。"给他们一些时间分享彼此的想法。

继续从你的袋子里拿出东西，同时谈论它们，说出你观察和注意到的东西，以及你用它们进行创作的各种可能性。例如，"我注意到这根木棍是棕色的，它可以被掰成两半。"掰断它。"哦，我有个主意，在我的故事里，这两半木棍可以作为帐篷的墙。"让儿童分享他们如何使用材料，以及他们注意这些材料的哪些方面。

积极参与："我很高兴与你们分享我的材料。你们每个人都可以用自己的袋子收集宝物。你们将会带着这样的袋子回家！当你们把袋子带回家的时候，你们和家人就会好奇和注意你家房子里、后院以及街区中的'宝物'，然后把它们都放到袋

子里。你可以寻找你想在创客空间里使用的各种材料。"参考"创客做什么"锚图，它解释了创客对他们世界里的什么材料感到好奇，以及想将它们变成什么。

创客做什么

对生活中的材料及其在游戏中可以成为什么感到好奇

向其他创客学习，想象新的可能性

用双手和工具进行绘画、组装、建造、雕刻、表演、发明和缝补

分享观点、计划、故事和想法

创客是……

艺术家、拼贴画家、建筑师、雕刻家、表演家、发明家、编织师、故事讲述者和作家！

"创客做什么"锚图

"想象一下，你会在寻宝活动中收集什么？"让儿童和邻居分享他们正在思考的材料。当他们这样做的时候，记录他们想要探索的材料，以及他们将要使用的材料或创客空间。

想象

让儿童停下来思考他们今天要探索的材料，在"班级一览记录表"（见附录 C）中记录他们的想法，了解他们使用材料和实践新想法的频率。

游戏和创作

当儿童在创作的时候，我们可以通过拍照、口述和使用"学习实践记录表"（见附录B）记录儿童的学习过程。当你观察儿童游戏和创作的时候，这一表格可以帮助你识别学习实践的实施情况。一个简单的开始方法是，当儿童表现出好奇、兴奋并提出问题的时候，确定儿童所好奇的内容。

> **为有特殊需要的创客做出调整**
>
> 如果有不说话的儿童，那么在分享的时候可以为他们提供更多的选择。当他们指向不同的材料时，你可以叙述过程、计划或故事，确保他们参与创客谈话中。

分享

选择一个使用简易的日常材料进行创作的儿童，邀请他开展创客谈话。让儿童在创客谈话之前收集所有的材料和工具，或者拍一张照片。在谈话过程中，使用一些问题提示儿童，例如，"这张图片中是你创作的东西，你能给我们讲一讲你当时使用的材料吗？"或者"你能指出这个建构物（或雕塑、拼贴画等）的组成部分或告诉我们你是如何创作它的吗？"

激励创客进行创作的推荐书籍

我们很爱用书籍鼓励创客们！每章都有一系列与特定创客空间相关的儿童图书。这些图书与创作和创客有关，可以被用在任何创客空间中。

- 《罗西想当发明家》[①]（*Rosie Revere, Engineer*，Andrea Beaty）
- 《假如……》（*What If . . .*，Samantha Berger）

[①] 该书的简体中文版已由新星出版社于2016年出版。——译者注

- 《爸爸的机器鱼》[1]（Papa's Mechanical Fish，Candace Fleming）
- 《成为一名创客》（Be A Maker，Katey Howes）
- 《开心点，莫莉·卢·梅隆》（Have Fun, Molly Lou Melon，Patty Lovell）
- 《孤独的小机器人》（Little Robot Alone，Patricia MacLachlan & Emily MacLachlan Charest）
- 《小小工程师》（Little Engineers，Haig Norian）
- 《在哪里都可以创作的艺术家》（Anywhere Artist，Nikki Slade Robinson）
- 《了不起的杰作》[2]（The Most Magnificent Thing，Ashley Spires）
- 《玛克辛的创作》（Made by Maxine，Ruth Spiro）
- 《用我的双手：有关创作的诗歌》（With My Hands: Poems about Making Things，Amy Ludwig VanDerwater）
- 《有了想法你怎么做？》[3]（What Do You Do with An Idea?，Kobi Yamada）

空间改造的下一步

通过创设用于游戏和创作且目的明确的创客空间，让儿童在这里开展创客运动的学习实践，你就可以培养年幼的创客们具备创客思维。当你将游戏区域改造为创客空间，并适当地引入不同的新材料时，也要确保创客空间正在发展你的创客思维。

---

[1] 该书的简体中文版已由二十一世纪出版社于 2019 年出版。——译者注
[2] 该书的简体中文版已由重庆出版社于 2015 年出版。——译者注
[3] 该书的简体中文版已由北京科学技术出版社于 2015 年出版。——译者注

在每一章的这个部分，我们都会提供一些案例，解释学习实践如何促进创客思维的形成，并在你反思儿童的成长过程时提出问题，让你与同事共同思考。"学习实践记录表"（见附录B）将帮助你记录儿童的学习实践过程。例如，你可能会注意到儿童通过大声阅读寻找灵感，他们也有可能根据彼此和材料产生新的想法。请注意表格上"寻求与共享资源"一栏所列出的行为。当儿童意识到他们能够通过获得他人的帮助和寻求资源而取得成功时，这将会帮助他们形成创客思维。

花些时间与同事进行创客谈话，一起分享、合作和思考改造创客空间的下一步工作。

- 查看"学习实践记录表"（见附录B）。与同事讨论，如何使用"学习实践记录表"记录儿童的学习实践。
- 你计划改造的第一个空间是什么？你有什么想法？你的同事在你思考和开始行动时如何支持你的工作？
- 你如何规划创客空间的开放性材料？哪些容器对你有用？
- 你希望强调STREAM学习中的哪些联系，以更好地指导你的语言提示以及在材料、工具与附件方面的选择？

第 2 章

美术创客空间

触摸纸张,调整线条,

我受到启发,想要创造五颜六色的图案。

我用笔刷泼洒、混合和飞溅。

我的画布讲述了真正重要的故事。

故事激发创作

当儿童注意到美术创作空间里的新材料时,他们的兴奋感油然而生。这是他们第一次看到使用黑色美术纸作为主要材料,还有一张白色的记录纸。"那是用来做什么的?"从"天空"到"蠕虫",不同颜色和深浅的油画棒被摆放在一起形成一条赏心悦目的光谱,将不同的色系聚集在一起。这些简单的新材料将给儿童带来重大的发现:"这是我的肤色,那是你的肤色。"儿童用黑色纸、油画棒

邀请儿童用油画棒画线进行游戏和创作

进行游戏和创作："嘿，黑色纸没有显现出其他颜色。"白纸被儿童用艺术元素之一的线条填满（见附录 D，了解更多的艺术元素）。受到美国朗达·高乐·格林（Rhonda Gowler Greene）的《当一条线弯曲时……》①（When A Line Bends... A Shape Begins）一书的启发，儿童建议创造性地表达他们在插图中发现的线条：蚂蚁线（- - - -）、毛虫线（〰〰）和鱼竿线（———）。他们的话以及表示线条的词汇将被写在记录纸上，提示他们在美术创作中可以使用的线条类型。

儿童的想象力被激发，他们迫不及待地在黑色纸上用油画棒划刻出线条。使用黑色纸，是因为它更能展示出颜色的层次。儿童正在摆弄颜料和颜色："它脏了！""看看我的手！它是绿色的！""我能把颜色分开吗？"是的，完全可以这样做。他们先将两种颜色分开，并评论油画棒在纸上多么顺滑，"就像冰激凌一样。"正如美国安·佩洛（Ann Pelo，2017）所描述的，他们先用指甲划出线条，之后发现了一个更好的方法，即使用他们特意为游戏和创作而制作的回形针。用线条、划刻和油画棒进行游戏仅仅反映了儿童学习、发现、思考、实验和讨论的一部分内容。儿童正在成为艺术家，他们关注并思考在美术创客空间中发现的材料的形态和功能。

创客的创作过程与他们的作品展现了创客运动中的学习实践，并提供了证据，表明"材料能够支持儿童与自己、他人以及周围持续变化的世界建立新的联系"（Penfold，2019）。

---

① 该书的简体中文版已由北京科学技术出版社于 2000 年出版。——译者注

材料赋予年幼的艺术家灵感

斯蒂芬妮所划刻的红色下面是粉色

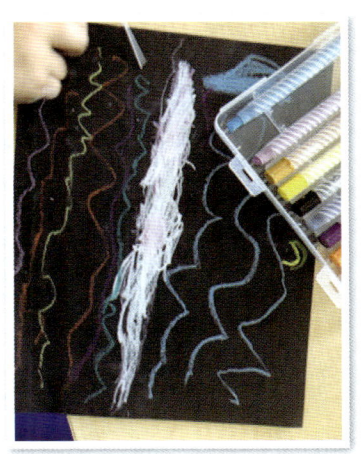

斯蒂芬妮在探索将粉色叠加在黄色上会发生什么

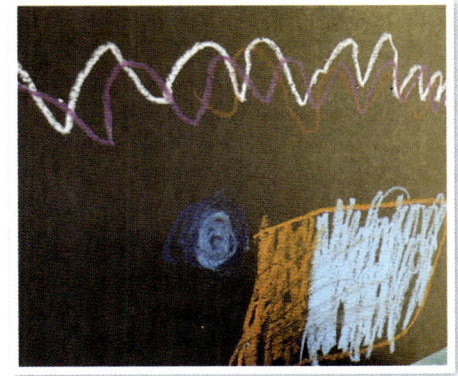

尝试划刻曲线、螺旋线、锯齿线等更多线条

为什么首先向儿童介绍美术创客空间

每一个儿童教育空间，无论是正式的还是非正式的，都会有一个包含某些美术工具和材料的区域。你现在有哪些美术材料？蜡笔？铅笔？画纸？颜料？你看，你已经准备好开始设计和创设一个美术创客空间了！

而且，由于美术"几乎涉及教室中的每个活动，从积木建构到在光桌上构图"，因此它是一个非常适合将典型区域改造成创客空间的地方（Massey，2017，p. 8）。当美术以二维的形式呈现时，它可以作为所有其他空间创设的基础。我们致力于将创客空间从二维的形式（美术）发展为三维的形式（拼贴画），从三维的形式（建构物）发展到带有空间的三维形式（雕塑品），然后到带有空间和运动的三维形式（表演），再到塑造小小世界以容纳所有已学的内容，最后回到美术领域（纤维）以集体合作的方式将所有的课程整合到一起。

将美工区改造为美术创客空间

起初，我们与教师们合作将美术作为故事创作的一种语言形式，这与意大利瑞吉欧·艾米莉亚的洛里斯·马拉古奇所提出的"儿童的一百种语言"的观点相一致。当儿童运用美术的方式表达他们独特的故事时，我们注意到绘画与其他美术表现形式看起来有所不同。美术被用来传达故事。我们希望增加这种可能性，庆祝儿童的美术创作过程和成果，以此作为特别的方式促使儿童继续分享他们的故事，表征和交流他们的观点、计划和想法。在将美工区改造为美术创客空间的过程中，我们聚焦于儿童在美术和审美方面的发展，同时尊重他们独特的解读、视角和历史经验。

这里所涉及的艺术发展包括过程艺术和成果艺术。其中，过程艺术"的重点是创作过程，而不是最终的结果……儿童可以自由地探索材料，自由地解读，自由地表达自己的想法"（Rucci，2016，p.9）；成果艺术是指"旨在产生一个特定的结果的、结构化的、聚焦式的活动"，例如，增长艺术元素、著名艺术家和艺术技能方面的知识（Penfold，2019）。在美术创客空间中，过程艺术和成果艺术都有一席之地。此外，审美能力发展的重点是发现世界的美，并通过美术让世界变得更美，以及向儿童介绍新的方式以认识和表征想法，为他们成为细心的观察者提供机会。研究表明，"每个人都有潜力发展对美妙事物的敏感性"（Feeney & Moravcik，1987，p.15）。

尽管美术空间经常包含材料和工具，但它们可能缺乏促使儿童进行发现与实验的目的、灵感、支持和材料。

将美工区改造成美术创客空间，首先要有意识地规划，选择一个重点关注的艺术元素（颜色、线条、形状、纹理、空间、图案），以及一位能够激励儿童达成学习目标的艺术家。接下来，便是选择材料和工具。下面，我们将为你提供一些将美工区改造为美术创客空间的建议。

> **布置与审美**
>
> 按照颜色排列物品可以方便他人取用和整理。例如，将所有绿色的记号笔放在一起，将所有橙色的记号笔放在一起。按照色系整理材料（蜡笔、记号笔、油画棒、颜料）也可以创造赏心悦目的暖色或冷色光谱，且更便于管理。

设计你的第一个美术创客空间

灵感与支持	• 《谁说一定要用蓝色画天空》①（*Sky Color*，Peter H. Reynolds）或其他关于美术或艺术家的儿童图书，以及配有漂亮插图的图书，如《点》②（*The Dot*，Peter H. Reynolds）、《味儿》（*Ish*，Peter H. Reynolds）、《马蒂斯的剪刀》③（*Henri's Scissors*，Jeanette Winter）；阅读并摆放图书副本，以激励儿童采用美术元素 • 创客空间中鼓励创作的指示牌（"你想用哪些美术元素创作美丽的东西？"或"你想用这些美术材料创作什么？"） • 焦点课程，介绍某个艺术元素、某位画家或某个新材料或方法，例如，请参阅本章开头的课程，在本章末尾也会再次提及
主要材料	• 纸（美术纸、复印纸、卡片纸以及一切你有的各种纸）、蜡笔、铅笔、马克笔、颜料
开放性材料	• 不是必需的，但是要有可以展示线条、颜色、形状、纹理和图案的微妙之处的事物
工具与附件	• 画笔、用于混合颜料的杯子或调色盘、用于搅拌和混合的工艺棒、美工胶带

将美工区改造为美术创客空间

当儿童有机会使用美术材料进行游戏和创作后，你就可以考虑创客空间的下一步工作，并确定儿童在下面连续体中的具体位置。如果他们仍旧探索某个材料或工具的形态和功能，那

---

① 该书的简体中文版已由文汇出版社于 2020 年出版。——译者注
② 该书的简体中文版已由北京联合出版公司于 2018 年出版。——译者注
③ 该书的简体中文版已由北京联合出版公司于 2016 年出版。——译者注

么下一步可能需要提供更多的时间和进行更多的练习,以便他们在使用这些材料方面更具能力。如果儿童正在研究较为复杂的材料(如蜡笔、颜料),并且能熟练地使用它们,你就可以向他们介绍一些新的方法,或者为他们提供数字应用程序以及高科技的工具和材料。当你为儿童在美术创客空间提供更广泛的可能性时,可以采用下面的连续体向下一步工作推进。

> **为年幼的创客做出调整**
>
> 有控制地涂画是绘画的入门阶段。当儿童乱涂乱画时,你可以说:"给我讲讲你的画吧。"帮助儿童讲述故事或想法,并听从儿童的安排。

美术创客空间的游戏和创作连续体

手工艺术 ←――――――――――――――――→ 高新技术

儿童在专注于过程(探索、发现)、成果(颜色、线条、形状、纹理、空间、图案)或美学(如何做到更美)时,可以选取一种工具或材料进行研究。他们探索美术材料(蜡笔、彩色铅笔、记号笔、手指画颜料)和工具(画笔、搅拌棒)的形态与功能。一旦弄清楚了每种可用材料的用途,他们就会熟练地使用各种方法和工具。	儿童使用更复杂的材料和工具,例如,使用水彩颜料、色粉笔、油画棒和细的画笔处理细节;开始游戏、创作和创新整个过程与成果,例如,用线条表示重要性,用颜色表示感受等。他们运用著名的艺术理念和案例来复制和创新艺术家作品中的方法、元素及材料。	儿童创作和使用数字工具(如 Makey Makey[①],Doodlecast[②])以加强对艺术的理解,以及思考如何结合其他元素进行艺术创作,等等。在探索艺术和美的过程中,他们逐渐熟练使用、再利用以及重新调整工具。

---

① 一种创客 STEM 教具,它本身是一块体积很小的电路板,与计算机相连,同时和不同的物品接线并通电后,可以把物品变成现实中的"按钮",例如,把它与分别被赋予"Do""Re""Mi""Fa"音效的四根香蕉相连,那么触摸香蕉就可以让计算机发出对应的声音。——译者注

② 一款绘图应用,可以记录儿童绘画时的声音,提出简单的问题以激发儿童的想象力等。——译者注

美术创客空间中的 STREAM 学习

艺术元素可以在各类课程中被发现，并体现在 STREAM 学习中。儿童在美术创客空间中的工作涉及各个领域，尤其是美术领域。年幼的艺术家可以使用跨领域的方式发展各领域的能力。

促进创客运动与 STREAM 学习联系的提示语

科学	• 运用感官发现绘画中的线条、纹理、颜色、形状、图案和空间（"艺术家是如何运用线条/颜色/形状来创造美的？"或者"你如何混合不同的颜料创造新的颜色？"） • 查看物品并加以比较（关于这个颜色/形状/材料/艺术品，你注意到了什么？）
技术	• 更灵活地使用适宜的工具（如画笔、搅拌棒）和材料（如蜡笔、水彩颜料），创作表现他们的想法、故事、观点和计划的绘画作品（"你需要什么工具去创作你所想象的想法/计划/故事？"）
读写	• 通过素描、绘画和涂色表达感受和分享故事/想法（"你打算如何分享你的美术作品或创作过程？"） • 练习画线条、表格和形状，逐渐成为书写者，最终将涂画转变为一行行的字母（"你准备好将你的故事/想法/计划写在纸上了吗？"）
工程	• 识别问题（纸是湿的和破的），并尝试解决问题（将纸放在太阳下晒干）（"你能给我讲一讲你的美术作品和创作过程是怎样完成的吗？""为了解决这个问题，你打算做些什么？"）
艺术	• 培养儿童作为艺术家的身份认同，学习艺术元素，了解著名的艺术家（"在你创作美术作品时，什么东西或谁为你的思考带来了启发？"）
数学	• 认识并画出形状（"你的美术作品中包含哪些形状？""这些形状代表什么？"） • 运用平衡、角度和测量进行创作（在你的美术作品中，最大的/最小的/最高的物体是什么？）

想象一下，创设一个美术创客空间

创设美术创客空间的目的是让年幼的艺术家通过创造美和

探寻意义，发展他们作为艺术家的身份认同，这需要他们熟练地运用颜色、形状、纹理、形态、空间和图案方面的专门知识。这些元素普遍存在于每个创客空间中，但只是在美术创客空间中被不断地强调和特别关注。组合颜色、选择合适的工具、使用最能表征想法和创造美感的材料，这些都是我们创设每个创客空间的目标，而美术创客空间会尤其关注这些问题。

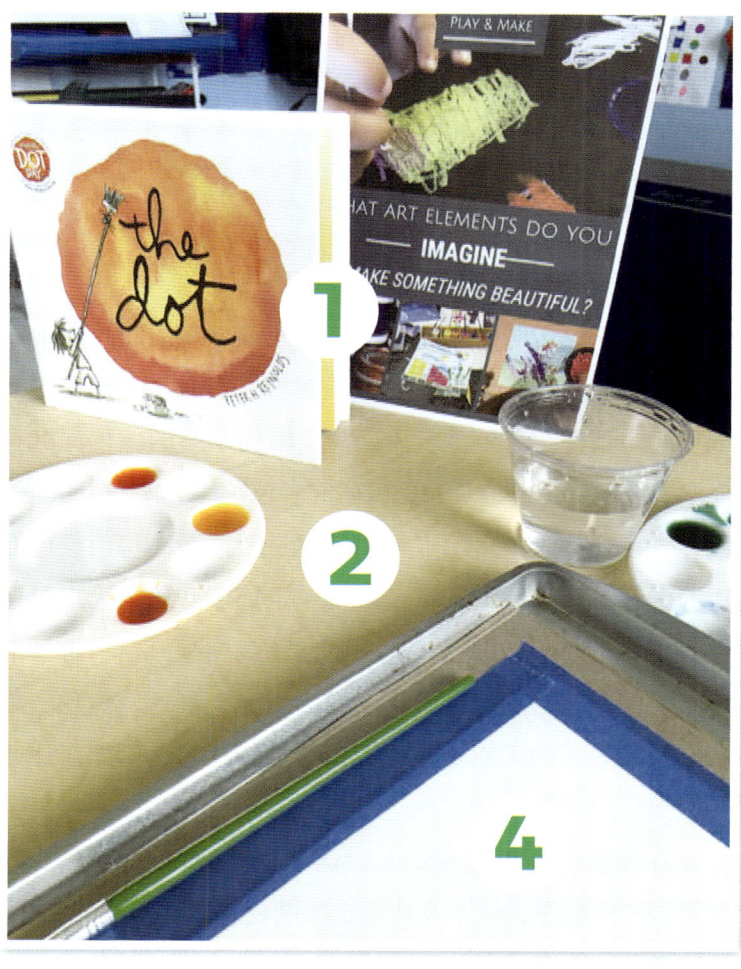

美术创客空间着重于使用水彩颜料上色：1.灵感与支持，如《点》、法国画家克劳德·莫奈（Claude Monet）的画作；2.主要材料（水彩颜料、水彩画纸）；3.开放性材料（非必需）；4.工具与附件（调色盘、画笔、水彩画纸上的美工胶带）

美术创客空间中克劳德·莫奈的画作给予儿童有关色彩的灵感

灵感与支持

一所公立学校中某个班级的四五岁儿童一直使用固体水彩颜料，但我们决定尝试使用液体水彩颜料，因为儿童说颜料被画在纸上时与他们想要的颜色不匹配。液体水彩的颜色深沉有力。根据安·佩洛（2017）和美国研究者芭芭拉·鲁奇（Barbara Rucci，2016）的建议，我们选择了两三种颜色，每组颜色都来自相同的色系。当我们阅读《谁说一定要用蓝色画天空》这本图书时，一个叫玛莉的女孩找不到蓝色颜料画天空，她仔细琢磨着天空的颜色，意识到日落时的天空充满红色、黄色、紫色和粉红色，多云的天空是灰色的，等等。我们讨论如何让儿童像玛莉那样只用两三种颜色进行游戏。我们一起讨论每组颜色，儿童在创客空间里走来走去，认真思考他们该如何选择。他们受到玛莉的启发，迫不及待地选择颜色，开始游戏和创作。我们与儿童分享图书《点》，并展示封面上那个点的颜色，我们也有一些相似的颜色。

在确定培养小艺术家具备使用哪种艺术元素的能力后，我们研究并选择在该区域需要向他们提供的具体支持。例如，在这个创客空间中，我们的重点是色彩和能够给予我们灵感的两本图书。接下来，正如基于项目式的美术学习方法所描述的那样，我们寻找著名的艺术家作为创客空间中富有影响力的示范并用锚图突出呈现方法。在这个创客空间中，克劳德·莫奈的日落绘画作品为儿童提供了重要的支持，他画作中的天空有红色和橙色，如《日落中的议会大厦》（Parliament at Sunset），而《黄昏时的圣乔治少校》（San Giorgio Maggiore at Dusk）这幅画中日落时的天空是蓝色和绿色的。

在这个创客空间中，我们专注于颜色，谈论紫罗兰色和紫色、黄色和橙色、绿色和蓝色。儿童探索颜色，研究色调，并通过加入更多的水或更多的颜料来改变颜色。

儿童在美术创客空间中探索同一色系的两三种颜色

主 要 材 料

纸张是这一年龄段儿童的美术创作中极为常见的主要材料。在这个创客空间中，我们使用液体水彩颜料和140磅[①]的

[①] 这里是指纸的型号。1磅相当于453.6克。——译者注

水彩画纸。为了避免儿童在鲜艳的颜料中添加水而破坏纸张，我们选择了较厚的画纸。

《儿童艺术工作坊：如何用至少 25 次的艺术活动培养原创思维》(*Art Workshop for Children: How to Foster Original Thinking with more than 25 Process Art Experiences*) 一书的作者鲁奇 (2016)，建议在手边准备如下必需的画纸：

- 用于绘画和涂色的普通白纸
- 轻质（90#）水彩画纸
- 可用蜡笔、彩色铅笔、蛋彩画颜料、色粉笔作画的亚硫酸盐纸（光滑的白纸）
- 用于涂色的厚美术纸

当儿童尝试使用颜料和水时，厚纸很有帮助

虽然你可以使用许多其他物品进行艺术创作，但纸张是学习艺术元素的一种很好材料，它也会为儿童的探索和尝试提供诸多选择。

儿童对有趣的美术材料感到兴奋和好奇。我们遵循佩洛（2017）提出的发展连续体引入美术材料。你可能无法接触所有这些材料，但以下罗列的内容可以帮助你决定何时投放你所拥有的材料。在选择创作某个特定作品时，你需要考虑每种材料的某些特性。

- 蜡笔
- 彩色铅笔
- 记号笔
- 手指画颜料
- 蛋彩画颜料：建议用于混合颜料来创造颜色，如果是刚开始使用颜料，那么建议选择红色、蓝色、黄色和白色的颜料；一开始，可以混合两种颜色
- 水彩颜料：建议从使用液体水彩颜料开始，因为它的颜色较深，如果颜色太深，可以加水；同时，推荐使用带有鲜艳色彩盒子的水彩颜料
- 色粉笔：建议用于促进儿童对颜色的熟练掌握程度
- 油画棒：建议选用每根都有塑料包装的油画棒，这样儿童的手就会干净一些

开放性材料

我们没有在这次探索中添加开放性材料，但是开放性材料在美术创客空间中通常会成为工具（由树枝和树叶做成的画笔；用于增加纹理类型的海绵或包装气泡膜）、道具（在我们研究形状时展现特定形状的物品或呈现细微颜色差异的混合物），或促进儿童独立绘画的各类"鹰架"①（儿童在开始时可以通过勾画物品的轮廓建立信心）。

当儿童将开放性材料用于美术作品时，他们的成果便会成

---

① 英文为 scaffold，也称"支架"或"脚手架"，源自美国布鲁纳（Bruner）提出的支架式教学理论。——译者注

为拼贴画。拼贴被认为是一种优秀的艺术媒介，是将物体和纸张分层（有时是粘贴）在表面上，创作出一种三维的表现形式或呈现想法。我们将在第 3 章拼贴创客空间中具体讨论如何在游戏和创作中引入开放性材料。

由树枝和树叶做成的天然刷子

工具与附件

在美术创客空间中，工具包括不同大小的画笔、用来装颜料的调色盘，以及用来装水的杯子。许多工具在创客空间中都是有用的。以下是一些你可能需要准备的工具：

- 电动转笔刀
- 画架
- 工艺棒（混合和搅动颜料）

> **为有特殊需要的创客做出调整**
>
> 要注意移动画架，大型画架和桌面画架可以起到同样的作用。选择可以满足儿童或坐或站的需求的画架。

- 放大镜（用于对绘画或其他美术作品的细节深入研究）
- 镜子（反射物品的底部，可以为所画或涂色的物品的细节部分增加光亮或反射光）
- 橡皮擦
- 画刷（大画刷用于涂抹颜料，小画刷用于处理细节）

用胶带包住水彩画的边缘部分可以保护作品的表面，形成简单的框架，当画干后再揭掉（图片中两幅画的名字分别为《生活在海洋中的生物》和《日落下的朋友们》）

对于这个创客空间的附件，我们采用了鲁奇（2016）提出的一个好主意，在画干了之后，用胶带粘住画的边缘，使其看起来像一个天然的画框。用于绘画的美工胶带的效果最好，其他在美术创客空间使用的附件也包括：

- 用于修复断裂和裂口的胶带
- 用于悬挂和展示的夹子或衣架

布置与审美

如果你正在使用水彩颜料，你将需要装水的容器，且水经常会溢出。这时，可以用泥子将水杯固定在桌面或其他平面上，或者将水放入金属的松饼罐中，以尽可能避免水洒出。

用于游戏和创作的空间

在这一年中,我们每次参观公立学校中四五岁儿童所在的班级时,都会试着带来一些有趣的新材料或想法。融合班级通常既有普通儿童,又有一些有特殊需要的儿童,所以一个集体中有多种发展水平。我们注意到,很多儿童喜欢用蜡笔涂色,有些儿童已经开始从乱涂乱画发展为画圆形。圆形是儿童最先尝试的形状之一,所以我们创设了创客空间,让儿童在这里实验、游戏和创作圆形(Pelo,2017;Topal & Gandini,1999)。我们在儿童吃午饭的时候创设这个创客空间,当他们回来发现他们最喜欢的蜡笔旁边有了有趣的新材料时,他们表现得非常兴奋。

儿童会在这个创客空间中受到一些启发。指示牌上标有这样的问题:"你打算用油画棒画什么样的圆形?"儿童的目标是探索自己作为小艺术家的身份,在用圆形进行游戏和创作时研究各类形状。我们贴出了俄罗斯画家和美术理论家瓦西里·康定斯基(Wassily Kandinsky)的几幅圆形绘画作品的复制品,这样儿童就可以研究这位著名艺术家的圆形画法,以更好地支持他们的学习。主要材料是蜡笔和简单的白色卡片纸。

我们在创客空间中添加圆形的金属类开放性材料和其他日常材料展示不同大小的圆形,以激发儿童的创作灵感。我们讨论开放性材料,以及儿童在家里可能找到的圆形开放性材料(硬币、盖子、镜子、线轴、顶针、珠子、瓶盖、垫圈)。

在美术创客空间中,我们没有使用其他工具与附件。

用油画棒研究圆形

用于研究圆形的金属类开放性材料

儿童对康定斯基所画圆形的不同解读

开放性材料鹰架儿童创作圆形

儿童迫不及待地开始创作了!其中,有些儿童需要康定斯基艺术作品的更多支持。尽管他们使用同样的艺术作品激发灵感,但每个儿童选择不同的颜色、空间和图案,从而确保产生独特的创作效果。

一些儿童使用开放性材料开始创作!他们把较小的开放性材料放在大圆形里面,然后勾画出物体的轮廓。

伊西德罗将一些金属垫圈放在一面镜子上,然后反复地排列它们,调整了好一会儿才弄好。当金属垫圈变成伊西德罗想象的样子时,他就开始在纸上画一排圆形。他仔细挑选颜色,打算在每一页纸的顶部画出不同颜色的圆形,这些圆形后来成为他美术作品的底部。伊西德罗对新蜡笔很好奇,想尝试使用每一种颜色的蜡笔。

他离开了一会儿,跑到其他创客空间玩耍。然后,他回来了,并且画了更多的圆形。

伊西德罗用不同颜色画出一排圆形

伊西德罗用开放性材料勾画出圆形

伊西德罗先在纸张的下面画红色圆形，然后又用一些金属材料描画出更大的圆形。他自己画出了最大的圆形，接着他又画了更多的圆形！他通过练习和使用材料（开放性材料）来提高画圆形的熟练程度。

以下是在本次美术创客空间活动中可观察到的学习实践指标。

伊西德罗把画颠倒过来重新思考："圆形还是圆形！"他更喜欢这样，画完圆形时非常高兴

美术创客空间的学习记录

引导创客思维发展的学习实践	学习实践中的可观察指标
质疑	伊西德罗对新蜡笔很好奇，想尝试使用每一种颜色的蜡笔。他想用新的方式、为了新的目的尝试使用游戏材料。
修补	伊西德罗反复排列开放性材料，直到它们可以表征他想要表达的概念。
寻求与共享资源	伊西德罗在教室里走来走去，寻找更多与他的想法相匹配的圆形开放性材料。最终，他运用这些材料使他的想法在分享的美术作品中可见。
改进与重新调整	伊西德罗在将画颠倒过来后改变了他最初的想法。
表达意图	伊西德罗仔细地选择颜色。他说，他打算在每页纸上画不同颜色的圆形。他完成了自己的计划。
熟练	伊西德罗画了很多圆形，一开始是勾画开放性材料，然后自己独立画圆形。经过练习后，他画圆形越来越熟练了。
从简单到复杂	伊西德罗的画符合他的想法，他对自己的创作过程和成果都非常满意。他使用简单的材料创作了一幅对他来说有意义的图画，这幅画也呈现了对他思考的复杂表征。

让更多的创客空间激发创作灵感

如果你没有通过艺术元素激发灵感的经历，那么我们希望你在设计美术创客空间及其组成部分时能够自信一些。请参见附录 D，以获取更多的相关信息。以下是我们创设的一些美术创客空间的照片，我们将艺术元素和知名艺术家作为创作的起点。

用彩色铅笔探索各种形状

使用记号笔探索图案，并以美国艺术家安迪·沃霍尔（Andy Warhol）的汤罐头为灵感，摆弄橡皮泥容器

用水彩颜料和法国野兽派画家亨利·马蒂斯（Henri Matisse）的作品探索颜色

用手指画颜料和克劳德·莫奈的作品探索纹理

用箔纸上的颜料和克劳德·莫奈的作品探索颜色

用色粉笔和荷兰后印象派画家文森特·凡·高（Vincent van Gogh）的作品探索线条

做标记：儿童用美术展示善良的行为时体现了爱的样子

分享我们的想法

教师通常可能不会考虑将艺术元素融入教学空间中，而只是在美术教室里开展美术学习。不过，这节课证明了这多么容易，儿童天生好奇，喜欢新的美术创作体验。课程不一定要困难，因为儿童会把简单的课程复杂化，并且会在与材料、工具以及他人的互动过程中不断变得熟练。

美术创客空间的焦点课程

目的：儿童尝试用油画棒画线条。

材料

- 用于制作共同的锚图的纸张
- 油画棒（每个儿童有两种颜色，浅色和深色）
- 黑纸
- 强调线条的儿童图书（我们选用的是《当一条线弯曲时……》）
- 用于记录的照相机
- 用于创作线条的工具（小而尖的物品，如回形针、竹签、高尔夫球座）

聚焦和探索

导入："我们一直在学习如何仔细观察周围的世界，一直在关注建筑、自然和家庭中的细节。我有一个好主意！看看是否能在我们观察的图片中找到一些线条。稍后，我们将使用油画棒画出各种各样的线条。所以，今天我们将用油画棒尝试创作线条。"

教学："我将给你们看一些图片，看看我们会不会在其中找到线条。"你可以在书中挑选照片或插画。询问儿童："有人看到这幅画上的线条吗？你会怎样描述这条线？"将儿童的回答写在带有线条示例的锚图上。你如果没有得到儿童的回应，就可以说："哦，看！我注意到了这条线。我要在锚图上画一条直线，将它标记为'直线'。"继续在更多的照片或图片里寻找线条。当锚图里有 5~7 种不同类型的线条时，你可以说："我将告诉你们如何使用油画棒创造不同层次的颜色，这将真正显示你划刻的线条。你们每人可以从选择两种颜色开始，最好选择一种浅色和一种深色。我选择了浅黄色和深蓝色。首先可以用浅色给空间上色，就像这样。"用你自己的油画棒在纸上试一下。"然后，我在浅色上涂另一种颜色。接下来，我会选择一个工具，在我的油彩上划刻不同的线条。我可以画粗线、细线、弯弯曲曲的线。我们刚刚识别了我画出的所有线条类型。关于线条的颜色，你们注意到了什么？"让儿童一起观看并讨论他们所看到的内容。"是的，确实可以看出用两种颜色的油画棒画出的线条，你们也可以尝试更多的颜色和线条，看看会发现什么！"

与儿童一起制作的锚图

积极参与："现在该轮到你们创作线条了！这是油画棒和纸。你们可以看我们一起做的锚图，它会提示你们划刻和创作不同的线条。那么你想用油画棒画出什么样的线条？"

想象

询问儿童："你们想用线条创作什么？"在"班级一览记录表"（见附录 C）上记录他们的想法和选择材料的频率。

游戏和创作

给儿童大量的时间使用新材料去尝试、游戏和创作线条。他们会试着练习使用不同的颜色并寻找不同的工具创作不同种类和长短的线条。观察儿童,注意他们是否摆弄不同的颜色或尝试创作不同的线条。他们是否在探究材料及其可供性?如果是这样,他们就是在用双手思考或调整。儿童是否将日常材料用于新的目的,比如,使用牙签、竹签、回形针等日常用品划刻线条?如果是这样,他们就是在改进和重新调整。你是否注意到,儿童通过练习可以更容易地完成想象中的线条?他们变得越来越熟练了。

分享

请一个使用油画棒画线条的儿童在创客谈话时间与小组成员分享,这样可以为美术创客空间中的未来创客带来启发。让儿童描述和解释他做了什么以及他是如何做的。询问一些问题,例如,"你做了什么?"和"你是怎么做到的?"

激励创客进行创作的推荐书籍

有时候,想出新的想法和推荐合适的书籍是很困难的。可以选择展现艺术元素和有关著名艺术家的书籍。以下是我们在焦点课程中使用过的儿童图书,它们可以为美术创客空间里的儿童带来灵感。

- 《了不起的涂鸦》[1](*I'm Not Just A Scribble*,Diane Alber)
- 《颜色大碰撞》[2](*Splatter*,Diane Alber)

---

[1] 该书的简体中文版已由上海人民美术出版社于 2021 年出版。——译者注
[2] 该书的简体中文版已由上海人民美术出版社于 2021 年出版。——译者注

- 《蜡笔人：发明蜡笔的真实故事》(*The Crayon Man: The True Story of the Invention of Crayola Crayons*，Natascha Biebow)
- 《线》[1]（*The Line*，Paula Bossio）
- 《也许美好的事物：艺术如何改变邻里》(*Maybe Something Beautiful: How Art Transformed A Neighborhood*，F. Isabel Campoy & Theresa Howell)
- 《斯瓦琪：喜爱色彩的女孩》[2]（*Swatch: The Girl Who Loved Color*，Julia Denos）
- 《相聚》[3]（*Drawn Together*，Minh Lê）
- 《路易丝爱艺术》(*Louise Loves Art*，Kelly Light)
- 《尼科画感觉》(*Niko Draws A Feeling*，Bob Raczka)
- 《味儿》
- 《谁说一定要用蓝色画天空》
- 《我的感觉是青色的》(*I Feel Teal*，Lauren Rille)
- 《美丽的错误：动动手，成为一名创意大师》[4]（*Beautiful Oops!*，Barney Saltzberg）
- 《看！看！看！》(*Look! Look! Look!*，Nancy Elizabeth Wallace)
- 《安迪叔叔的：到安迪·沃霍尔家的一次奇妙拜访》(*Uncle Andy's: A Faabbbulous Visit with Andy Warhol*，James Warhola)
- 《小曲线》(*Lines That Wiggle*，Candace Whitman)

---

[1] 该书的简体中文版已由世界图书出版公司于2018年出版。——译者注
[2] 该书的简体中文版已由河北教育出版社于2021年出版。——译者注
[3] 该书的简体中文版已由中信出版社于2022年出版。——译者注
[4] 该书的简体中文版已由中信出版社于2019年出版。——译者注

下面这些艺术家是我们的灵感来源：

- 《文森特的色彩》(*Vincent's Colors*, Vincent van Gogh)（有很多关于凡·高的儿童图书，但这本是我们的最爱。）
- 《亨利·马蒂斯的颜色》①（*Blue and Other Colors with Henri Matisse*）
- 《一只蓝蝴蝶：一个关于克劳德·莫奈的故事》(*A Blue Butterfly: A Story about Claude Monet*, Bijou Le Tord)

空间改造的下一步

通过创设一个目的明确的美术创客空间，儿童将美术元素和著名的美术作品融入游戏和创作中，为创作的过程和成果喝彩，你也正在培养小艺术家们具备创客思维。当你感到很顺畅地引入已有的不同美术材料并使用开放性材料进行鹰架教学和激励儿童时，你就可以观察儿童，在他们与其他儿童和材料的互动中等待创客思维的特征出现。例如，你是否注意到，随着儿童的实践和能力发展，他们对自己的选择和方法更加自信？他们越来越熟练，逐渐形成一种成长型思维。你是否注意到，儿童分享材料、轮流使用材料以及发展友谊的行为都在增加？他们正在通过分享与合作发展社会性 – 情感效能。

- 当儿童在美术创客空间游戏和创作时，你观察到他们的哪些学习实践？这些行为与创客思维有怎样的联系？
- 询问儿童："关于成为一名创客，你学到了什么？作为一名

---

① 该书的简体中文版已由湖南美术出版社于 2019 年出版。——译者注

小艺术家，你有哪些新技能？"思考他们的回应与创客思维有什么样的联系。
- 儿童在创客空间中最常使用的和使用时间最长的美术材料是什么？你如何调整这些材料以激发儿童的好奇心？
- 你想在美术创客空间中引入哪些新材料？你的同事对材料有哪些想法？
- 你在教学中采用哪些艺术元素时会觉得放松或紧张？你为什么有这样的感受？为了更加自信，你将怎么做？

第 3 章

拼贴创客空间

一堆旧物吸引了我的目光。
这些平常零碎之物成为我的日常用品。
收集满地的"宝物",
我们的艺术作品成形,我的创造力猛增!

故事激发创作

空气中弥漫着秋天的气息,翠绿色的树叶暗示着季节的变化,这些吸引儿童到美国缪斯·诺克斯维尔博物馆的快闪创客空间去探索新的材料。我们的团队这次进入了一个拼贴创客空间,这个空间里有不同大小、形状和纹理的叶子,儿童可以通过排列和连接新鲜、成熟的种子荚及浓密的苔藓去探索各种可能性,以实现他们想象中的一切。不同年龄的儿童早已迫不及待地将材料拿在手里。材料吸引我们,唤醒我们的记忆,给予我们新的想法,并让我们的思维不断发展。对一个儿童来说,那些带刺的蕨类植物让他联想到了一个士兵打猎的画面,而另一个儿童用同样的材料让她的猫头鹰展翅飞翔,并为它提供了可以栖息的树枝。

邀请儿童在拼贴创客空间里探索自然材料和其他开放性材料

林肯想象、游戏,并用蕨类植物创作一个要去打猎的士兵,然后分享他的故事,他的父亲将其写了下来

达娜想象着用蕨类植物制作翅膀和树枝

切割、塑形和连接这些材料为儿童制作的各类图像注入了生命,他们可以通过自然拼贴作品交流他们一起创编的故事或信息。另外,在调整和用三维的材料进行创作的过程中,材料再一次与儿童建立了联系。

为什么接下来向儿童介绍拼贴创客空间

当儿童表现出他们在艺术创客空间里学到的艺术知识时，他们就会创造可以展现线条、形状、纹理、空间、颜色和图案方面的知识的美好过程和二维作品。当小艺术家们开始在自己的艺术作品中添加开放性材料并做出艺术层次时，就会形成一幅拼贴画。拼贴——在一个表面上将物体和纸张分层（有时是粘贴），从而创作出一个三维的表征物或呈现想法，它是一种自然的、更复杂的创作能力。拼贴者在创作拼贴画时，会考虑每一种艺术元素的运用。拼贴创客空间通过增加一个维度，将创作二维作品的美术创客空间提升到一个新的层次。拼贴空间便是添加了开放性材料而形成的三维空间。

设计一个拼贴创客空间

最初，拼贴创客空间是美术领域的延伸，因为我们注意到儿童在绘画和涂色时加入开放性材料，就会自然地创作拼贴画，将二维作品转变为三维作品。尽管拼贴空间看起来像美术创客空间的一种转变，但我们依旧想保留美术创客空间，它强调认知和创造美，重点是二维形式的艺术元素。因此，我们建议增加拼贴空间作为一个新的创客空间。

尽管大多数教室和其他学习环境，无论是非正式的还是正式的，都未设置拼贴区，但这个花费不多的创客空间却能够激发儿童的好奇心，不会占用太多空间，而且易于改变以保持儿童的兴趣，提高他们的能力，也可以展示出创客运动的学习实践。

拼贴创客空间邀请儿童摆放和布置游戏材料及其他开放性材料,以表现他们的想象力和思维。"拼贴是指将思想、想法以及纸、纺织物、胶水和颜料分层叠放在一起……拼贴画可以被认为是艺术家生活的传记,或者甚至是历史文物。"(Brommer,1994,p. 9)下面的表格将帮助你利用现有的废旧材料设计和创设你的第一个拼贴创作空间。

设计你的第一个拼贴创客空间

灵感与支持	• 关注拼贴画或在插图中使用拼贴画的儿童图书,如美国洛伊丝·艾勒特(Lois Ehlert)的《汪汪汪先生》[1](*RRRalph*)、《拼贴人生:艺术大师成长笔记》[2](*The Scraps Book*)、《叶子先生》[3](*Leaf Man*),都可以很好地开启活动;阅读并将其副本作为灵感来源 • 创客空间中鼓励创作的指示牌("你能想象用拼贴材料做什么?") • 焦点课程,介绍如何使用特定的材料(金属类、塑料类、自然类、纺织类)创作拼贴画,例如,本章末尾的课程将展示如何使用塑料类材料创作拼贴画
主要材料	• 主要材料作为拼贴的背景,几乎可以使用所有的二维材料;使用你已有的东西:纸、毛毡布、硬纸板、餐垫、照片
开放性材料	• 现有的小零部件,如纽扣、珠子、贝壳、石头、硬币、螺母和螺栓、树枝、树叶、织物废料、瓶盖
工具与附件	• 剪刀、小手、镊子 • 我们通常不会将开放性材料粘贴在主要材料上,因为我们想重复使用所有东西,不过偶尔也会使用胶水(织物、木棍、摩宝胶)和胶带(和纸胶带、透明胶带)

拼贴创客空间是一种贴近我们内心的空间,因为它是我们在研究儿童如何游戏和创作故事时启动的第一个新的创客空间。在从美术向拼贴的自然过渡过程中,我们观察到儿童的想法、游戏和创作都发生了转变。我们开始探索将所有的典型区域转

---

[1] 该书的简体中文版已由北京联合出版公司于 2020 年出版。——译者注
[2] 该书的简体中文版已由北京联合出版公司于 2019 年出版。——译者注
[3] 该书的简体中文版已由新星出版社于 2016 年出版。——译者注

变为创客空间的可能性,以此拓展游戏和创作中的学习潜力,使其包括 STREAM 的概念和领域。

首先,给儿童足够的时间摆弄材料做游戏,弄清楚每种材料的形态、功能和局限。我们建议从 3~5 个不同的开放性材料(贝壳、石头、树叶和树枝)和一个底板材料(毛毡布)开始。一旦儿童有机会游戏和创作拼贴画,我们就投放额外的开放性材料,10~15 个贝壳或一小袋珠子足够一桌 4~6 个儿童一起游戏、创作和分享。过多的材料会造成混乱,并阻碍儿童进行分享和交流。当你设计拼贴创客空间时,下面的连续体可以指导你的推进步骤。

> **布置与审美**
>
> 如果你的教室里没有额外的空间,那么拼贴空间是一种理想的快闪空间,因为它占用很少的空间,也不需要太多材料。用一个旅行箱或银器托盘就可以将开放性材料展示在架子或桌子上面。

> **为年幼的创客做出调整:安全问题**
>
> 由于拼贴创客空间有很多小的零部件,因此可以考虑购买一个预防窒息的工具。将开放性材料放入预防窒息的工具管(choking tool tube)中。如果一件物品能塞进管子里,那么说明它太小了,儿童使用它是不安全的。

将桌面区域改造为新拼贴创客空间

拼贴创客空间的游戏和创作连续体

手工艺术 ←————————————————————————————→ 高新技术

儿童摆弄拼贴材料，以确定材料的形态、功能和可供性，进而创作拼贴画。在游戏时，他们可能会根据材料的类别（大小、颜色、质地）整理开放性材料。 儿童选择底板材料，在其上面表征他们的思考，举例如下： • 纸张（美术纸或复印纸、卡片纸、硬纸板、剪贴簿纸、照片） • 毛毡布 • 金属烤盘 • 透明的相纸 • 餐垫 儿童将纸切割、撕碎、折叠成他们想象中拼贴画的形状，并将它们与其他开放性材料排列在一起。他们修补、测试和重复调整开放性材料所代表的意义。	在条件允许的情况下，儿童可以使用更复杂的材料（更细小的开放性材料、新材料、以新形式被使用的熟悉材料）、工具（小手、镊子、剪刀）与附件（胶棒、胶水、纸胶带和透明胶带）。 他们了解更复杂的材料形态和功能，使用各种开放性材料创作拼贴画，包括一沓纸、自然材料、塑料、金属（有时需要用剪刀或剪线钳）和纺织物（可以用针和线连接）。	儿童创作和使用高新技术工具（纸电路），并在创作拼贴画时使用、重复利用以及重新调整（瓶盖、箔纸、纽扣、邮票），以创新的方式使用现有的材料或回收利用的材料。

布置与审美

拼贴创客空间有许多小的零部件，所以你需要容器保存它们！我们使用过带有可拆卸瓶盖的塑料瓶、渔具盒和玻璃罐。建议你使用有盖子的容器，而不是敞开的篮子。给容器贴上标签可以传递这样的信息：这是一种特定的物品，而不是一堆散乱的零碎材料，用完之后要将它们装回相应的容器中。

拼贴创客空间中的 STREAM 学习

儿童运用他们在艺术创客空间中获得的知识，思考平衡、空间和图案，以创作拼贴画。他们还会在好奇、提问和顿悟的时刻进行学习，并创作美丽且有意义的拼贴画。

促进创客运动与 STREAM 学习联系的提示语

科学	• 查看新材料，将常用的材料重新调整为具有创新性的东西，以此表征新的想法（"在创作拼贴画时，你可以用这些材料做什么？"） • 用拼贴材料表征熟悉的或想象中的故事/想法/计划（"你能想象用这些拼贴材料创作什么样的故事/想法/计划？"） • 比较一下，哪种材料最能表征他们的想法/想象（"当你想象和创作拼贴画时，哪种材料最合适？"）
技术	• 使用合适的工具（镊子、手指、剪刀）划破/撕开/切割/整理（"什么工具最能帮助你做出你想象中的拼贴画？"）
读写	• 运用拼贴画与他人交流想法（"给我讲一讲你的拼贴画吧。"） • 描述拼贴画中的物体、动作和事件（"你用拼贴材料创作了什么故事？"） • 用语言表达感受（"在游戏和创作拼贴画时，你感觉如何？"）
工程	• 用模型表达思考（"当你想象拼贴画时，什么材料最能表征你的想法？"） • 通过询问来确定问题（"在创作拼贴画时，你想知道什么？"） • 计划和设计故事/项目（"你打算用什么材料创作拼贴画？"）
艺术	• 识别拼贴画中的艺术元素（颜色、形状、线条、空间、图案）（你在拼贴画中注意到哪些线条/颜色/形状？）
数学	• 识别模式（"你在拼贴画中注意到什么规律了吗？"） • 数一数物品（"你的拼贴画用了多少个开放性材料？"） • 比较和测量（"你的拼贴画用了更多的贝壳还是更多的石头？"） • 为拼贴画裁剪大小、形状适宜的图形（"多大、什么形状的材料适合被放在拼贴画中？"）

想象一下，创设一个拼贴创客空间

创设拼贴创客空间的目的是当儿童用不同形态的材料组合

成一个整体时，培养他们作为拼贴艺术家的身份认同（Lord，1958）。儿童使用开放性材料、工具与附件创作的拼贴画会表现他们的思想、想法、过去和观点。在这个创客空间里，小拼贴艺术家们会探究一系列纺织品，思考和试验每种纺织品的重量、纹理、形态、功能和局限，以此表达他们的想法。

带有纺织类材料的拼贴创客空间：1.灵感与支持（书籍和指示牌）；2.主要材料（毛毡布）；3.开放性材料（丝带和纺织品）；4.工具与附件（剪刀和布料胶）

灵感与支持

我们在美国田纳西州克林顿公共图书馆为社区设计了一系列快闪创客空间。儿童之前参加过以自然类和纸张类开放性材料为特色的拼贴创客空间。我们希望下一步探索纺织类开放性材料,因为它是一种更复杂的材料,我们需要使用不同的工具进行操作和改变它们的形状。锚图可以提供灵感,起到支持作用,并作为一种教学工具和提示物帮助儿童习得经验或方法。我们在拼贴创客空间一开始的焦点课程中介绍了拼贴锚图。

如"提供拼贴方法的锚图"这张图片所示,之前课程中的锚图起到了支持性的提示作用,提醒儿童拼贴画的创作步骤。我们的下一步是寻找一位艺术家,让他的作品激励儿童在拼贴画创作中采用更复杂的材料使用方法。我们着重介绍了《我的狗狗臭烘烘》(*My Dog Is as Smelly as Dirty Socks*,Hanoch Piven)这本图书,并特别关注其中使用纺织物的细节,比如用袜子代表狗的耳朵。

带有纺织类开放性材料的拼贴创客空间可以带来灵感

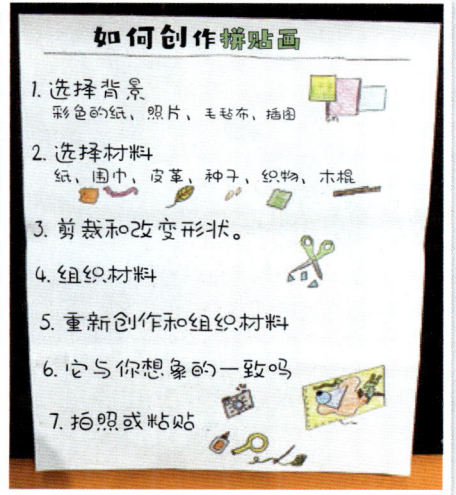

提供拼贴方法的锚图

主要材料

我们提供各种颜色的毛毡布作为主要材料,毛毡布非常适合作为拼贴画的背景底板,因为它的质地可以防止开放性材料滑落。

通常来说,背景底板是儿童在创客空间中首先要选择的东西。我们一般使用:

- 正方形的毛毡布
- 餐垫
- 放大的照片
- 装饰性日历页
- 剪贴簿纸
- 布料
- 帆布
- 金属托盘

6 岁的帕克选择了一个符合她的想法的背景底板,并根据她的草图摆放开放性材料

开放性材料

儿童选择好背景底板后,就会选择开放性材料创作拼贴画。在拼贴创客空间里,儿童运用开放性材料学习创作拼贴画,涉

及纹理、平衡、对比、运动、比例、模式、变化和统一（Brommer，1994）。就这一创客空间而言，开放性材料包括：

- 布条
- 线
- 羊毛
- 纱线
- 丝带
- 鞋带
- 花边
- 绣花线
- 包钮
- 蕾丝
- 薄纱

许多容易找到的开放性材料在创作拼贴画中很好用。如果有机会到户外，一个班级或一个小组的儿童就可以收集大自然中的开放性材料。我们带着儿童去大自然中散步，收集各种覆盖在地面的物品，如松针、橡子、树枝、种荚、树叶、苔藓，等等。

为有特殊需要的创客做出调整

由于身体问题，一些儿童可能无法操作拼贴空间中的小零部件。可以考虑添加更大更容易操作的开放性材料，如大块的硬纸板、松果或大贝壳。

为年幼的创客做出调整

为了帮助儿童探索开放性材料如何表征他们想象中的人物特征或想法，我们可以为他们提供开放性材料或面部表情的图片，这样他们就可以将一些材料放在相应的图片上，进而建立联系。

工具与附件

在拼贴创客空间中，剪刀是主要工具，一般用于裁剪布料和纱线。《艾瑞·卡尔的创意课堂》[1]（*Collage Workshop for Kids: Rip, Snip, Cut, and Create with Inspiration from The Eric Carle Museum*，2018）的作者香农·梅伦斯坦（Shannon Merenstein）推荐使用带有金属刀片、圆头的儿童剪刀，其他的拼贴工具包括：

- 用于击穿、撕裂和折叠材料的儿童小手
- 用于操作小块材料的镊子

我们在创作拼贴画时一般不使用黏合剂，因为当开放性材料没有被黏合或附着在背景底板上时，如果表征物与儿童想象的样子不符，儿童就会有机会重新排列，选择不同的材料，改变想法。当儿童重新整理好背景底板上的材料，并对拼贴画满意时，我们便会拍照。然后，他们拆卸拼贴画，收好材料，并用不同的材料在另一个创客空间中重新创作他们的故事、想法或项目。摆放、重新调整、添加材料和收拾材料的过程被称为拼贴艺术家的"去拼贴化"。创客将这些学习实践称为修补、测试和重复。

如果需要黏合剂，我们主要使用以下几种：

- 胶水
- 摩宝胶
- 胶带
- 和纸胶带——这种装饰性的胶带很容易被撕裂，它主要由

---

[1] 该书的简体中文版已由上海译文出版社于 2019 年出版。——译者注

天然纤维（麻、竹或木浆）制成，价格便宜，有数百种颜色和图案，对儿童很有吸引力；它也很容易从许多材料（木质类、塑料类、金属类）表面上被拆除，所以可以被重复使用

用于游戏和创作的空间

快闪拼贴创客空间发生在一个非正式的学习环境中，即美国佛罗里达州冇雷登顿市的马纳提县中心中央图书馆，这里3—8岁的儿童都被邀请用纸创作拼贴画。在创作中，纸张的最大优势在于它的可用性和多种形式。这个创客空间旨在为儿童的拼贴画创作提供更复杂的选择，并引入一种新的工具——纸电路（铜箔、电池和LED①灯）。我们希望使用儿童早已熟练的材料，所以选择了彩色复印纸和美术纸作为主要材料及开放性材料。

在带有纸张类开放性材料的拼贴创客空间中引入纸电路

---

① 英文全称为Light Emitting Diode，中文为发光二极管。——译者注

这次我们使用《停电以后》①（Blackout，John Rocco）这本书启发儿童，让他们创作出需要照明的作品。他们在许多不同颜色的纸张中做出选择，并被建议剪裁、折叠或撕开自己手里的纸张类开放性材料。玛莉，一个4岁的小女孩，她选择剪纸。在决定要做什么之前，她摆弄着手里的纸片，剪出各种形状。最终，玛莉对大家说要做一个生日蛋糕，她先是用三根蜡烛做了一个生日蛋糕。虽然我们通常不将拼贴作品粘在一起，但在非正式的学习环境中，儿童可能想把自己的作品带回家里，因此粘贴拼贴材料有时候也是必要的。于是，玛莉用胶棒将纸张类开放性材料粘贴在她的背景底板上。

玛莉想点燃生日蛋糕上的蜡烛，于是她迫不及待地想弄清楚如何连接纸电路，然后点亮蜡烛。

当玛莉想出连接电路的办法时，她兴奋地决定添加更多的

玛莉用三根蜡烛拼贴出一个生日蛋糕

玛莉尝试连接电路

玛莉继续练习连接电路，以发现最容易和最有效的做法

---

① 该书的简体中文版已由贵州人民出版社于2013年出版。——译者注

经过多次尝试和坚持,玛莉成功了

玛莉坚持不懈,成功地连接了拼贴作品中的电路

细节和电路。她添加了一座房子,却想不出在哪儿放一盏灯。当她沉思时,她想到了一个绝妙的新点子:做出一条龙,让"火"(纸电路)从它的脚底喷出来。

她就是这样做的!

作为一个更有经验的同伴,她帮助其他儿童弄清楚如何将铜箔、电池和 LED 灯连接起来。完成后,她在创客空间里与其他儿童分享了这个项目,并利用创客谈话时间谈论她尝试让电路运行时遇到的一些困难。她的创客演讲激励了其他儿童坚持不懈地创作出包含电路且漂亮又有意义的拼贴画。

玛莉在创作灯光拼贴画时,展现了创客运动的学习实践,下面是我们观察到的一些示例。

拼贴创客空间的学习记录

引导创客思维发展的学习实践	学习实践中的可观察指标
质疑	玛莉很兴奋地想弄清楚如何使电路发光,她问了很多问题。
修补	玛莉在想出做生日蛋糕的主意之前一边游戏,一边修补,她剪了几张纸,反复地调整。
寻求与共享资源	玛莉在创客谈话时间分享了她在创作过程中的困难,帮助其他儿童避免同样的错误。
改进与重新调整	当玛莉不知道如何在她的第二个拼贴画的房子里用灯时,她改进和重新调整拼贴画,加入了一条"龙"来实现自己的想法和创作。
表达意图	玛莉表达了她想弄清楚如何让纸电路发光的想法。
熟练	玛莉之前用纸练习拼贴,并已经熟练地使用它。她现在集中精力学习纸电路的工作原理、连接和设置方式。
从简单到复杂	玛莉使用简单的材料(纸、铜箔、LED 灯和电池)创作了一个复杂的故事,其中包括一个生日蛋糕和一条"龙"。在想出如何制作一个电路,同时创作一张有意义的拼贴画的过程中,玛莉逐渐形成自我效能、自信和能动性。

在拼贴画创作中,正如发展连续体所显示的那样,纸电路是一种复杂的工具。在这个创客空间中,你还可以选择许多其他更简单的材料、工具与附件。下面是我们在正式和非正式的学习环境中使用各种各样的材料创设拼贴创客空间的例子,希望它们能为你创设拼贴创客空间提供灵感。

让更多的拼贴创客空间激发创作灵感

下面的照片展示了拼贴创客空间的一些变化,即使你没有照片所示的资源也没问题。你可以用现有的材料创设一个有吸引力的创客空间。

金属类开放性材料与金属背景底板

6岁的詹森正在创作机器人拼贴作品

自然类开放性材料与纸质背景底板

拼贴创客空间中的自然类开放性材料

玻璃类开放性材料与毛毡布背景底板

儿童在拼贴创客空间中用玻璃类开放性材料游戏和创作

塑料类开放性材料与相纸背景底板

儿童在拼贴创客空间中用塑料类开放性材料游戏和创作

纸张类开放性材料与纸质背景底板

儿童在拼贴创客空间中用纸张类开放性材料游戏和创作

做标记：为他人做礼物以表达情感；母亲节快到了，海莉决定为妈妈创作拼贴画，她觉得妈妈会喜欢拼贴画中的自然材料，因为她妈妈"喜欢橡子和自然"

分享我们的想法

儿童天生喜欢创作拼贴画，因为它强调以新的方式使用普通的材料，或是引入开放性材料和寻找到的材料。当你在拼贴创客空间中引入新的材料或新的创作方式时，下面的课程可能会有用。

拼贴创客空间的焦点课程

目的：儿童将通过使用塑料类材料创作拼贴画来想象探究材质的新方法。

材料

- 创客拼贴锚图
- 干净的相纸
- 透明的塑料碎片（把旧的塑料文件夹切碎，也可以用玻璃纸或醋酸纤维制品）
- 有盖子的容器，用来装塑料碎片
- 摄像机，用于记录
- 胶带（我们把相纸粘在桌子上，这样当儿童粘或拆的时候它都不会移动）
- 光桌（如果没有，投影仪或自然光也可以）

聚焦和探索

导入："我们一直在研究光为什么能透过某些材料，但透不过另一些材料。当我在思考时，我想到了一个好主意！我们可以选择一个光线能够穿透的拼贴背景底板！我想知道，如果材料都是透明或半透明的，拼贴画会是什么样子。所以，今天我们想象用塑料类材料创作拼贴画,以掌握运用材质的新方法。"

教学:拿起一些半透明的开放性材料对着灯或把它们放在光桌上。"看到光是如何透过这些开放性材料了吗?"拿着相纸对着光。"关于这种新材料,你们注意到了什么?"他们可能会说它的一面是黏黏的,或者注意到光透过它,甚至比半透明材料更明显。演示如何让黏黏的一面在上面,如何将塑料碎片粘贴在相纸上。表现出你想要改变想法的样子:"等一下,我想移动一小块。"演示如何撕下来重新拼贴。

积极参与:让儿童传阅粘有几个开放性材料的相纸,让他们感受其材质,并试着将开放性材料撕掉,然后再将它们粘回到相纸上。

想象

使用半透明的开放性材料激发儿童的灵感。询问:"你会用这些半透明的塑料做什么?"将儿童的想法记录在"班级一览记录表"(见附录 C)上。

游戏和创作

我们应该给儿童足够的时间用新材料进行试验、游戏和创作。在修补、改进和重新调整时,儿童将剥落或拆卸拼贴画上的材料以展现他们不断变化的想法,测试材料的可供性。观察儿童并选择几个不同的想法、拼贴画或故事,在"分享"环节着重介绍。你需要注意儿童是否将彼此作为资源来相互询问或解决问题,他们会通过寻求资源来解决问题。你可以通过拍照和使用"学习实践记录表"(见附录 B)来记录他们的拼贴画创作过程。

分享

分享和赞赏儿童用同样的材料创作的不同拼贴画。

选择一个经历过创作困难或可能需要同伴建议的儿童参加创客谈话时间。让儿童确认自己遇到的问题,然后给予他们向其他创客寻求答案的机会。

激励创客进行创作的推荐书籍

在拼贴创客空间中,我们推荐插图中带有拼贴画的儿童图书。以下书籍涉及拼贴画中使用的各种材料,以启发年幼的学习者。

- 《纸片:一个关于纸的形状的故事》(*Snippets: A Story about Paper Shapes*,Diane Alber)
- 《叶子先生》
- 《拼贴人生:艺术大师成长笔记》
- 《马蒂斯的花园》(*Matisse's Garden*,Samantha Friedman)
- 《脸》(*Faces*,Zoe Miller & David Goodman)
- 《我的狗狗臭烘烘》
- 《完美的紫色羽毛》(*The Perfect Purple Feather*,Hanoch Piven)
- 《停电以后》

空间改造的下一步

通过创设一个目的明确的创客空间,为儿童提供使用拼贴材料进行游戏和创作的时间,你就为那些年幼的拼贴艺术家们提供了进行创客运动学习实践和形成创客思维的机会。当你介绍用作背景底板的材料（毛毡布、照片、餐垫、美术纸）和开放性材料（贝壳、树枝、瓶盖）时，儿童很快就会学习摆放开放性材料以表征他们复杂的想法和意义。在记录他们的学习实践之后，你需要花些时间思考他们创客思维的发展。例如，你是否注意到儿童对拼贴创客空间中的新开放性材料感兴趣？这表明他们的好奇心越来越强。你是否记录了儿童在创作拼贴画的过程中调整、研究、测试材料以及使用它们表征许多不同东西的诸多方式，这些都是儿童成为细心的观察者的证据。此时，你可能想与同事通过创客谈话时间一起分享、合作并思考改造拼贴创客空间的下一步。

- 儿童最喜欢哪些开放性材料？你能让儿童以不同的方式使用它们发展创客思维的其他方面吗？
- 如果空间不足，那么你如何让拼贴创客空间在每个儿童的课桌上变得灵活和可用？
- 在拼贴创客空间的游戏和创作中，你观察到了儿童的哪些学习实践？这些行为与创客思维有何联系？
- 询问儿童："在成为一名创客的过程中，你学到了什么？""作为一名小拼贴艺术家，你有哪些新技能？"思考他们的回答与创客思维有何联系。

------------------ 第 4 章 ------------------

建构创客空间

此刻，我正在触摸积木，手指跃跃欲试。
垒高、碰撞、倒塌，有时我会沮丧。
闪亮的玻璃宝石让我重拾勇气。
修补重造，我再次充满自信。
重新调整后，新的想法如火星迸发。
积木与玻璃珠结合成为国王的宝石。

故事激发创作

　　一天早上，孩子们走进建构创客空间，他们聚在一篮子建筑积木周围，这些积木里有拱门、木板、带有纹理的三角形和立方体，它们的形状唤起了儿童对窗户的记忆。他们进入创客空间时注意到新的材料：镜子般的形状、绿色磨砂玻璃宝石和彩虹色的马赛克瓷砖，让人想起透明容器里的彩色玻璃窗在闪烁着微光。孩子们立刻惊讶而又兴奋地将容器里的东西全部倒在地毯上精挑细选。他们触碰每个新材料，同时评价它们多么光滑和坚硬。

邀请儿童用木质积木与玻璃类开放性材料进行游戏和创作

儿童对玻璃类材料碰撞的声音感到好奇。所有材料都可以打开儿童新的学习路径（Pacini-Ketchabaw, Kind, & Kocher, 2016；Taguchi, 2011），当儿童受到材料的启发，开始充分发挥他们的想象力去想象、游戏和创作建构物时，他们就会进入一个丰富的体验世界。

4岁的科尔正在堆叠积木，想要探索能将他想象中的建构物搭建多高。"这是什么？"当发现了新的开放性材料时，他睁大了眼睛询问。他开始探索材料的材质、颜色和形状，并对如何在他的建构过程中使用这些材料感到好奇。他将橡皮泥粘在积木上，确保当建构物增高的时候，他选择的宝物是稳固的。"这是我收集的珠宝。"他一边继续创作一边自豪地宣布。这些材料帮助他想象出一种创作方法，从而增强他的好奇心。

我们在他的带领下，为他研究珠宝的属性和类型带来灵感。在接下来的一周里，珠宝的图像、岩石和矿物方面的书籍以及现实中的石头都被纳入创客空间中，在儿童发展他们与材料之间的关系时激发他们的创造性思维和创作能力。随着这段彼此分享的学习旅程的展开，儿童在建构创客空间中通过游戏和创作对于主题有了更多的了解，并建构了他们自己的想法和故事。

儿童通过堆叠和调整附件探索新的材料

具有激励作用的投影、关于岩石和矿物的书籍以及新的宝石类开放性材料被用于重新调整建构创客空间,以反映儿童的兴趣

为什么接下来向儿童介绍建构创客空间

在儿童的创作经历中，他们一直在学习用三维的拼贴材料和其他美学方法表达自己的思想、感情与意图。建构是一种更复杂的三维技术，可以扩展儿童有关形式和空间关系的概念。"建构为创新提供了一个特殊的机会，因为各种材料可以以多种方式被组合在一起创造出新的形式。"（Lord，1958，p. 5）当儿童用积木和其他建构材料创作时，他们实际上是在建构、创作和交流他们知道的故事或信息。《创意积木游戏》（*Creative Block Play*，Roseanne Regan Hansel，p. 10）一书的作者指出："所有儿童都带来了关于他们世界的大量知识和经验，他们能够通过积木建构热切地表达。"积木游戏不仅能够激发儿童频繁且高质量的口头语言，还可以让他们用积木表征他们想象中要创作的事物。这类符号表征是学习读写的基础。

将积木区改造为建构创客空间

当第一次观察积木建构过程中的大量四五岁儿童和他们的思考过程时，我们主要关注空间中的主要材料。我们为儿童提供不同类型且逐步复杂的积木以帮助他们建构经验，从而创造一个积木材料连续体，并将其引入全年的 STEAM 学习计划中。例如，当年初儿童研究自然和新的学区时，我们为他们提供自然类或木质类的积木。在当年的晚些时候，当儿童学习建筑和结构知识时，我们引入更大的材料，包括纸板箱，这要求他们学会使用更高水平、更复杂的附件。新的材料会保持儿童对积木区的兴趣，但我们觉得儿童还需要更多的机会参与创客运动的学习实践中。我们的第一轮改造是加入开放性材料，这会在儿童评估新材料的特性、使用和再利用它们表征建构物或故事的一部分时增加儿童修补、改进和重新调整的行为。下面的表格提供了一些做法，可以帮助你用已有材料将积木区或STEAM建构空间改造为建构创客空间。

设计你的第一个建构创客空间

灵感与支持	• 儿童图书，展现某个人物用材料进行调整和建构，如《雷克拉毁了它！》[1]（*Rex Wrecks It*，Ben Clanton）或者《造一个梦想的世界》[2]（*Dreaming Up: A Celebration of Building*，Christy Hale）；阅读并将其副本作为灵感来源 • 创客空间中鼓励创作的指示牌（"你能想象用这些建构材料创作什么样的故事？"） • 焦点课程，介绍如何用木质积木进行游戏和创作
主要材料	• 从你现有的材料开始！纸板积木或木质单元积木是最初被用在大多数早期学习教室中的非常好的材料，以鼓励儿童在年初进行开放式的游戏和创作
开放性材料	• 选择任何一类开放性材料，或在教室里寻找你所有的材料；在户外收集木棍和石头，并以一种自由、有趣的方式为儿童的设计增加复杂程度
工具与附件	• 一开始没有必要使用工具与附件，如果儿童因积木建构物倒塌而感到沮丧，那么你可以投放一些橡皮泥来增强建构物的稳定性

创客运动的另一个重要特点是使用真实的材料和工具。当积木区被改造为建构创客空间时，这里就会有木质积木、废料和真正的工具，如锤子、砂纸、螺丝刀和螺钉，以培养儿童熟练使用多种类型工具的能力。通过投放这些工具，我们拓展了建构创客空间的内涵，不只让积木发挥作用。

我们的建构创客空间包括积木、乐高积木、硬纸板、木工、机器人积木和三维建构物的固体材料，表征儿童具有创造

---

[1] 该书的简体中文版已由北京联合出版公司于2016年出版。——译者注
[2] 该书的简体中文版已由河北教育出版社于2021年出版。——译者注

将积木区改造为建构创客空间

性的想象力。有时,我们也添加一些附件,方便儿童研究关于稳定和平衡的工程概念,通过合并和连接材料实现将其从简单到复杂的转变,以创造新的意义。一些积木,如乐高积木、比瑞鬃块、磁力片,都有内置的附件。然而,当用单元积木、泡沫积木或者甚至积木条(structural plank)进行建构时,橡皮泥或钩环附件也许是有帮助的,儿童可以展示他们在连接和创作

为年幼的创客做出调整

蹒跚学步的儿童可能处于移动、触摸、抓握或扔掉积木的阶段,没有或很少有建构行为。你可以从演示如何垂直垒高积木或水平放置积木开始,以支持儿童逐渐理解如何用积木进行游戏和创作。

建构物、环境以及三维作品方面探索新方法的能力。

玛丽娜·乌玛什·伯斯（Marina Umaschi Bers，2008，p. 14）指出："从积木到机器人的学习是一个连续体。"当从积木、木盘和乐高积木等所在的手工艺术领域逐渐过渡到电子产品、磁力片、电动工具及其他产品所在的高科技领域时，儿童总是喜欢玩积木。在这些创客空间里，可以观察到儿童从堆叠到建造围合物的建构过程。当儿童花了几周的时间用你选择的一种积木作为主要材料进行游戏和创作后，我们建议你更改主要材料以提高儿童的熟练程度。使用下面的连续体选择接下来的主要材料以支持建构创客空间在全年中发挥作用。

建构创客空间的游戏和创作连续体

手工艺术 ←——————————————————————————→ 高新技术

儿童选择一个主要材料去建构、堆叠他们想象的东西：	儿童使用更复杂的工具与附件，用硬纸板进行建构：	儿童使用真正的木工工具和材料进行建构：	儿童拼接机器人积木来创作不同的建构物以执行特定的任务：
• 单元积木 • 纸砖积木 • 比瑞鬃块 • 得宝或乐高积木 • 积木条 • 磁力片 他们在设计中使用开放性材料表征自己的想法。	• 纸板剪、锯 • 热熔胶或纸板连接技术	• 木片 • 锤子 • 螺丝刀 • 手钻 • 砂纸 • 手锯 • 钉子、螺丝	• Cubelets[①] 机器人 • littleBits[②] 产品

---

① 一种模块化机器人积木玩具套装。——译者注
② 类似于电子版的乐高，用模块化的电子器件拼接成各种物件。——译者注

建构创客空间中的 STREAM 学习

积木等建构材料对促进儿童理解 STREAM 领域知识的作用已被大量记录。"探索建构材料的儿童在用积木和其他材料进行建构活动时会有意识地参与到数学学习中。"（Chalufour & Worth, 2004, p. 7）然而，当我们支持非常多的儿童使用建构材料进行游戏和创作时，我们发现他们做出了符合其他领域目标的行为。下面的提示语将帮助你促进儿童在活动中实现跨领域学习的联系。

促进创客运动与 STREAM 学习联系的提示语

科学	• 使用建构材料创作熟悉的或想象中的结构或场景的模型（"你想用这些建构材料创作什么样的结构/场所/场景？"） • 比较堆叠不同材料所达到的高度和长度的效果，并创作稳定的结构（"你如何使用这些材料建构一个稳定的结构？"）
技术	• 使用合适的工具（锤子、螺丝刀）连接材料并创作三维模型（"建构模型的最佳工具是什么？"） • 编写或堆叠可编程的积木，使机器人遵循指令运行（"你能想象用这些积木编写什么代码或指令吗？"）
读写	• 使用三维结构和模型与他人交流想法（"关于你的建构物，你可以分享哪些信息来教别人？"） • 使用建构材料进行建造、分享，并说明故事场景（"你可以在场景中添加什么样的细节告诉读者更多关于你正在建造的地方的信息？"）
工程	• 画一个简单的草图说明建构材料的使用情况（"你能画出什么样的草图来计划用这些建构材料完成你的设计？"） • 在创作过程中识别问题和改善结构（"你如何使用所有这些材料使结构保持稳定？你又如何改进设计？"） • 使用建构材料进行想象、游戏、创作、再创作和分享（"你处在创作环中的什么位置？下一步做什么？"）
艺术	• 思考建构物中的设计元素，逐渐成为艺术家（"在游戏和创作时，你如何在设计中融入对称/平衡？"）

（续表）

数学	• 使用几何形状搭建结构（"你能想象用这些形状做什么？"） • 注意并调整积木的数量以达到一定的长度（"使用这些建构材料，你可以让建构物达到多长/多高？"） • 在设计中体验对称、平衡以及使结构稳定所需要的模式（"在结构/建构物中，你发现了哪些模式？"）

想象一下，创设一个建构创客空间

创设建构创客空间的目的在于，通过在建构材料中添加开放性材料以增加儿童的调整行为，从而发展儿童作为建构者的身份认同。当儿童一整天都在研究反光材料的特性时，在建构创客空间中添加金属类开放性材料，可以鼓励儿童以开放的方式继续深入研究。

灵感与支持

《了不起的杰作》一书激发了儿童使用金属材料进行创作的想法。今年的早些时候，全班儿童都阅读了这本书，并更好地理解了创客在创作过程中是如何思考和行动的。现在，我们着重说明

用金属材料进行建构和创作的建构创客空间：1.灵感与支持（书籍和指示牌）；2.主要材料（木质积木）；3.开放性材料（金属箔片）；4.工具与附件（热熔胶枪、附近的木工工具）

这个女孩将金属碎片组合在一起创作一个三维结构的做法。"她打磨""这个女孩摆弄、捶打和测量"以及"她扭来扭去、加固"这些语句都表现了儿童如何通过操作材料来实现自己的想法。这时可用的指导性问题是："你能用这些金属材料搭建和创作什么？"

> **为有特殊需要的创客做出调整**
>
> 对于有身体问题的儿童，汉塞尔（2017，Hansel）建议使用泡沫积木，因为它们的重量轻且容易被抓握。

主要材料

这个创客空间的主要材料是木头碎片，儿童可以用箔纸覆盖碎片或将碎片堆叠在一起，做出他们想要的形状。前文的建构材料连续体表明，当儿童学会正确、安全地使用材料和工具，并充满自信地进行建构活动的时候，他们便可以逐步增加对材料和工具的使用难度。德国教育家福禄贝尔（Froebel）对于开放式"玩具"的应用明显地体现在儿童想象、游戏、创作和分享对积木的重建方式上（Lange，2018）。

汉塞尔（2017）对以下类型的积木建构材料进行了很好的概述：

- 纸板积木和大的空心积木（非常适合被用于制作儿童大小的结构）
- 天然木块和木头碎片
- 泡沫积木

这个小孩选择了一个木块，并用箔纸将它覆盖，然后开始建构

- 带有设计感的积木（designer blocks）[带有各种颜色和三维形状的硬木积木，如德国格林姆积木（Grimm's blocks）]
- 积木条（Kapla①、Keva②等积木在桌面或地板上使用；它们能够促使儿童研究平衡和稳定，并且只需要简单的堆叠）
- 拼插积木（乐高积木、得宝积木和比瑞鬃块提供了拼插类建构材料和可以固定在原地的半透明磁性积木）
- 桌面积木（可以在光桌上使用的建筑单元积木、木头碎片、各种形状的半透明积木）
- 机器人积木（可编程的积木，如Cubelets积木，提示创客明确目标，然后根据"机器人说明书"正确使用功能。例如，你总是需要一个"感觉"的Cubelet获取信息，一个"思考"的Cubelet向正确的方向传递信号，以及一个"行动"的Cubelet采取行动，如旋转、发出声音或开灯）

开放性材料

为了增加儿童在描述故事和想法时的调整行为，我们选择了金属类开放性材料。在我们用于启发儿童的书中，主人公就是在调整金属碎片，而且金属更难于被操作和改变形状，这会在向建构物添加开放性材料时，促使儿童评估材料的特性和测试他们的设计。"使用开放性材料进行建构，可以使儿童在头脑中转换抽象的想象，并创造性地将这些图像转变为具体的物

---

① 由来自荷兰的汤姆·范·德·布鲁根（Tom Van der Brugge）设计开发的一款积木玩具，在多个国家用于教育，有助于开发儿童的思维与创造力。——译者注
② 一款创意堆搭积木玩具。——译者注

体。"（Daly & Beloglovsky，2015，p. 162）在本案例中，金属类开放性材料包括：

- 镜砖
- 螺丝
- 垫圈
- 装订夹
- 金属线轴
- 回形针
- 箔纸

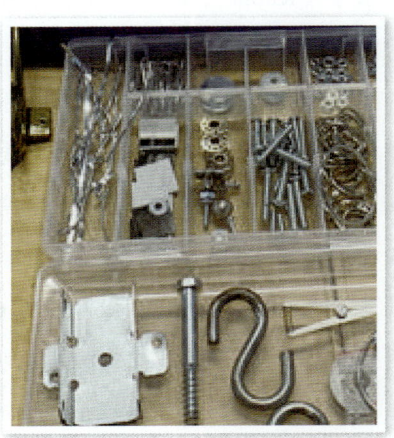

闭合式金属类开放性材料

安 全 提 示

在向创客空间引入任何真实的工具之前，都需要通过焦点课程演示如何安全地使用工具。在成人的监督下，首先用泡沫片代表木头碎片，用高尔夫球座代表钉子，用橡胶锤和木锤代表真正的工具，这样儿童就可以在游戏和创作时安全地学习技能。

工具与附件

某些建构材料需要儿童使用特定的工具进行创作并将零件连接在一起。例如，硬纸板需要儿童用更复杂的工具进行切割和改变形状。因此，建构创客空间中的工具包括：

- 纸板剪刀
- 纸板锯

推荐的木工工具包括：
- 全套手锯
- 护目镜
- 粗短螺丝刀
- 手钻
- 台虎钳

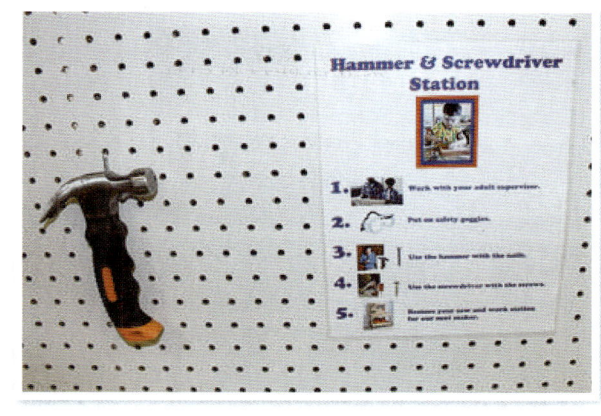

在儿童博物馆的创客空间中有关使用真实工具的安全提醒

在这个创客空间中，儿童可以在木工创客空间里找到钉子、锤子和锯子。

学习使用特定的附件调整硬纸板可以使学习者有机会发展他们作为建构者的身份认同。在第一次的附件使用课程中，你只需要胶带！然后，你就能提高使用以下附件的熟练程度：
- 铜制紧固件
- 线
- 热熔胶
- 金属丝

儿童学习连接积木以创作他们想象的作品，然后练习更复杂的附件使用方法，从而为机器人编程奠定坚实的基础。考虑到这一点，我们需要谈一谈儿童在建构创客空间中想象、游戏、创作和分享时所发生的有力学习。

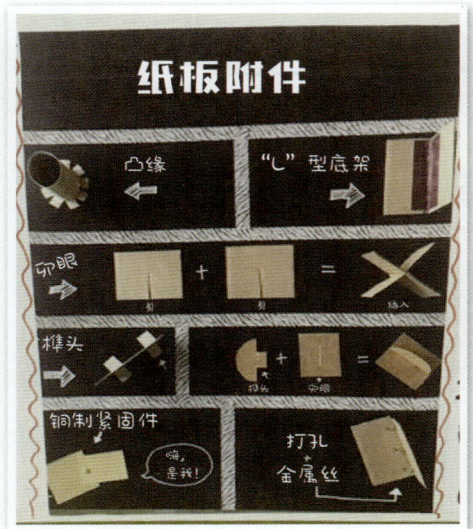 

在诺克斯维尔展示的从硬纸板附件到 Cubelets 的一系列附件

用于游戏和创作的空间

一天早上,几个 2—4 岁的儿童被邀请在一个家庭学习区域的新建构创客空间中进行游戏和创作,其目的是在他们询问新的塑料类材料及开放性材料并想象和创作结构及故事时,发展他们作为建构者和故事讲述者的身份认同。我们用于激发灵感的书《成为一名创客》讲述了一个儿童醒来时想象各种创作的可能性,就像我们的儿童正在做的那样。主要材料是半透明的桌面积木,开放性材料是不同颜色、形状和大小的塑料杯,并加上玻璃纸卷。唯一的工具是剪刀,但一个儿童在整个工程的实施中添加了胶带。

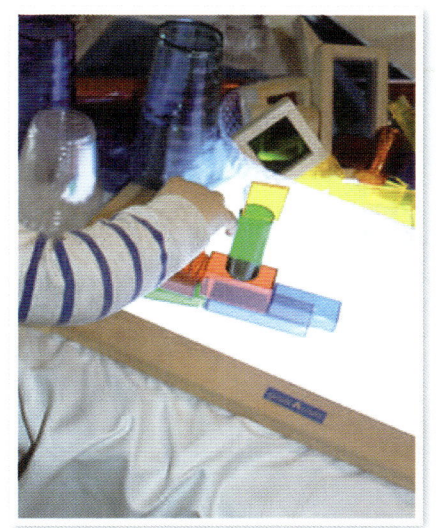 

带有半透明的桌面积木和塑料类开放性材料的建构创客空间

4岁的科尔径直走到玻璃纸前说:"哦,这看起来很有创意啊!"通过询问材料的特性、折叠、塑造,以及最后剪下玻璃纸看看会发生什么,他展示了整个学习过程。当他把新材料放在桌子上时,它们形成一个锥形,他说:"我刚建了一个山顶!"

科尔想象用玻璃纸搭建一个山顶

山顶变成一顶公主帽

接下来，科尔发现了塑料杯。他开始将杯子堆叠起来，把玻璃纸塞进去，调整和测试这些材料的特性，再次想象做一个不同的东西，即一顶公主帽。几分钟后，他将杯子和玻璃纸卷移动到一个更大的建构平面——地板上。

随着材料的变化，每隔几分钟科尔就会想出一个新点子。接下来，他说他打算做一个陷阱。大块的玻璃纸覆盖着地板，他把公主帽改造成一座火山。然后，他在壁橱里看到了胶带，并向我索要。当被问及为什么需要胶带时，他说："我只是需要胶带做艺术作品！"这样的要求，你怎么能反驳呢？他一边摆弄着胶带，一边对它的各种使用方法越来越熟悉，他说他用胶带创作的线条看起来像过山车。科尔在地板上就如何做一个陷阱这个问题进行大量探究后，开始收集资源，在光桌上做陷阱。

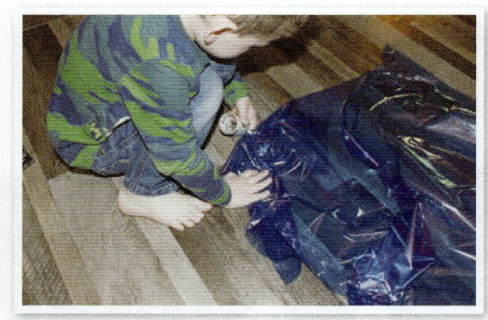 

科尔想象用许多胶带做一个陷阱

这一次，科尔目的明确地用胶带把恐龙的头绑在它的身体上，这样在他游戏和分享故事时能够保证它的安全。"这叫恐龙陷阱！看起来很可怕，是吗？"科尔在创客谈话时间解释他的陷阱有何作用。他解释说，人们来到这片土地，是因为它太美了。他们试图得到火山周围的珠宝，但就在他们试图拿走珠宝时，恐龙会跳出来困住他们。恐龙让人类给它们带来食物，他们的余生都要生活在恐龙的世界里。

科尔创作恐龙陷阱，并与他人分享它的作用

布置与审美

可以考虑在建构创客空间里为建构中的结构增设一个存储空间，并贴上"正在建构"的标牌，提醒其他人尊重儿童的工作。

建构创客空间的学习记录

引导创客思维发展的学习实践	学习实践中的可观察指标
质疑	科尔对材料进行探究，并思考他能创作什么。
修补	科尔堆叠、搭建、揉皱和填充玻璃纸以确定其形态和功能。
寻求与共享资源	科尔利用材料的形态和功能来假设他可以用它们做什么。
改进与重新调整	科尔重新调整制作公主帽的材料，将它们做成一座火山。
表达意图	科尔说他要做个陷阱。
熟练	科尔练习使用胶带并取得了进步。
从简单到复杂	科尔运用简单的材料创作一个反映他复杂思维的故事。

让更多的建构创客空间激发创作灵感

当你将某个地方想象成儿童可以用大量材料进行建构的空间时，这里就会有更多可以激发你创作灵感的创客空间。下面的案例遵循连续体的顺序展现了儿童在一年的时间里学习材料的特性。

自然类开放性材料与木质积木

建筑积木与玻璃类开放性材料

积木条与玻璃类开放性材料

木质类开放性材料、得宝积木以及带来灵感的结构照片

第 4 章 建构创客空间　　95

塑料类开放性材料与乐高积木，可以让儿童探索在创作物中加入运动

硬纸板与纸张类开放性材料

用木头碎片和金属类开放性材料做木工

做标记：了解如何在一个共同的项目中与他人合作以表达友谊，儿童学会尊重彼此的空间，共享资源和工具，并在整个活动过程中互相鼓励

Cubelets 机器人积木与描述每块积木功能的支持性卡片

分享我们的想法

当儿童想象、探索真实的或想象中的建筑、地方和世界时，建构创客空间会自然而然地成为儿童创作的地方。许多创作经验也为表演创客空间和小小世界创客空间奠定了基础。我们为18个三四岁儿童上下面这节焦点课程，但它也适用于其他所有年级的儿童和学习领域。

建构创客空间的焦点课程

目的：儿童将使用自然材料想象玩积木的新方式，以创作他们喜欢的地方。

材料

- "创作环"锚图
- 木质积木
- 一篮子从户外收集的自然类开放性材料（树皮、树枝、种荚或坚果）
- 用于记录的照相机

聚焦和探索

导入："我一直在看你玩积木，你在建塔、搭房子和建城堡的时候都很有创意。我发现你在这间屋子里创作所有类型的建构物，然后与朋友们展示和分享。这让我想到了一个主意！我想，我们可以使用一些在散步时和从我们最喜欢的地方——户外——收集到的材料。所以，我们今天将使用自然材料想象玩积木的新方式，然后创作喜欢的地方。"

教学：收集儿童一直在玩的一小堆积木，以及你或儿童在户外散步和玩耍时收集的自然材料。"看我想象如何以不同的方式使用这些材料,搭建一个我喜欢或非常了解的地方。"演示用不同的方式摆放积木,通过游戏呈现开放式的探索。拿起一个新的开放性材料,好奇地看着它。将新材料放在积木上,大声表达你的想法,帮助儿童想象各种可能性。"我觉得这些积木看起来像沙发,我可以将山毛榉坚果放在它上面。哇!它看起来像一个枕头。让我好好看看我还能做些什么。"叠放另一组积木,并找到另一种新的自然材料。当你想象创作的各种可能性时,大声地分享你的想法。"我用树枝顶住这些积木,这让我想起客厅里的一个地方,我们在那里用枕头和毯子在椅子上搭建了城堡。我再次使用这些山毛榉坚果,把它们放在下面,表示一个人藏在城堡里。我打算建一个城堡!"

儿童正在用新的自然类开放性材料搭建建筑,表达他们想要建造一个充气城堡的想法

积极参与：向儿童展示两三种你放置在创客空间中的新材料。将它们传递给每个儿童，这样每个儿童都可以拿着这些东西，或用投影让他们看图像，这样他们就可以作为一个小组查看材料的细节。"现在仔细看看这种新材料，你们会想象创作什么？"分享和记录他们的想法，帮助他们开启一天的活动。

想象

让儿童暂停一会儿，想一想今天探索什么材料。可以这样询问："今天，你们想用建构材料创作什么？"在"班级一览记录表"（见附录C）中记录他们的创作意图，追踪他们选择创客空间的趋势和每天探索的想法。

游戏和创作

在"学习实践记录表"（见附录B）中着重描述你观察到的行为，可以更好地记录儿童在创作时所表现出的学习实践。记录儿童说了什么和做了什么，并在他们使用开放性材料进行改进和重新调整的时候拍照。可以考虑在建构创客空间张贴照片，分享儿童如何以新的方式使用普通材料。

分享

找一个或多个使用新材料的儿童，请他们在创客谈话时间与小组进行分享，以此激励建构创客空间中的未来创客。积木建构有时很难被带到集合区域，所以你可以在建构作品周围举办一个展览。观察建构作品的所有侧面，让儿童指出他们使用的新材料，并解释它们代表什么。提示儿童解释他们创作了什么，为什么选择那个结构。可以询问："它开启了一段特别的记忆，还是代表了一个特殊的地方？"

激发创客进行建构的推荐书籍

从建构创客空间的照片中可以看出，儿童图书经常会启发和支持年幼的创客。以下是我们推荐的图书，有助于你改善建构创客空间和焦点课程。

- 《当我用积木搭房子的时候》（When I Build with Blocks，Niki Alling）
- 《乔伊想当建筑师》[1]（Iggy Peck, Architect，Andrea Beaty）
- 《雷克拉毁了它！》
- 《建造什么？》（Whatcha Building?，Andrew Daddo）
- 《造一个梦想的世界》
- 《现在怎么办？一个数学故事》（Now What? A Math Tale，Robie H. Harris）
- 《不是箱子》[2]（Not A Box，Antoinette Portis）
- 《我、妈妈和大约翰》（Me and Momma and Big John，Mara Rockliff）
- 《老麦克唐纳有一间木工房》（Old MacDonald Had A Woodshop，Lisa Shulman）
- 《小小纸箱工程师》（Boxitects，Kim Smith）
- 《积木城市》（Block City，Robert Louis Stevenson）
- 《一个箱子的无限可能》[3]（What to Do with A Box，Jane Yolen）

---

[1] 该书的简体中文版已由新星出版社于2016年出版。——译者注
[2] 该书的简体中文版已由黑龙江美术出版社于2019年出版。——译者注
[3] 该书的简体中文版已由北京联合出版公司于2018年出版。——译者注

空间改造的下一步

通过创设一个有意义的空间来激发儿童的好奇心，让他们用建构材料进行修补、改进和重新调整，你正在培养儿童的创客思维。当你改造了建构创客空间，并对更换的用于维持游戏与创作的主要材料及开放性材料感到满意时，你就能专注于改造中的更大任务，即观察儿童与材料之间的互动，以及儿童发明新的方法使用日常材料或其他空间材料表征自己的想法。这表明，他们正在逐步成为具有创客思维的 STREAM 创新者。花一些时间与同事在创客谈话时间交流、合作和思考有关改造建构创客空间的下一步。利用这些问题思考如何让这个创客空间对儿童的创作与学习持续有用、有效且具有支持性。

- 对于一个建构创客空间，你有何设想？这与你同事的材料和空间设置以及本章提出的观点相比如何？
- 你现在有哪些主要材料，并且你班里的儿童已经成功地使用过？你可以添加哪些开放性材料以帮助儿童想象更多建构的可能性？
- 你在这个区域全年都使用相同的材料吗？随着时间的变化更换材料对儿童有什么好处？
- 儿童在建构创客空间中游戏和创作时，上一个令你感到震撼的时刻是什么时候？是什么使它如此具有影响力？你在这个过程中观察到了什么样的学习实践？
- 询问儿童："成为一名创客，你学到了什么？作为一名建构者，你有哪些新技能？"思考他们的回答与创客思维有何联系。
- 关于将积木区或 STEAM 活动区改造成建构创客空间，你有什么计划？

第 5 章

雕塑创客空间

我的双手按压、揉捏并塑形黏土。
想法层出不穷,作品一个个呈现。
包括机器人、海盗和船只——
一块块黏土展现了一次次奇思妙想的旅行。

故事激发创作

所有年龄段的儿童都被邀请去探索和摆弄放置在烤箱托盘上的橡皮泥,这些烤箱托盘在快闪创客空间的四张桌子上。这些大托盘吸引儿童盘绕、揉捏、翻转主要材料,并自由发挥想象力。儿童在一些区域独自雕塑或者在其他地方以小组的形式创作。灰色橡皮泥中闪烁着亮眼的斑点,与黑色橡皮泥的深色调形成对比;金属微微闪烁的银色和金色光泽在松饼罐里的开放性材料中闪现。

儿童和材料即将一起踏上创作之旅。西尔维娅·金德(Sylvia Kind, 2014)描述了艺术家和创作者在创作中如何关注材料。儿童在挤压、塑形材料的过程中与材料融为一体。每个 2—10 岁的儿童都能接触到相同的材料,加入用材料进行创

邀请儿童在橡皮泥创客空间用金属类开放性材料进行创作

7岁的比尔在创作时分享有关中国长城的知识

作的过程中,并产生疑问:"橡皮泥能做什么?"以及"我会想象这个橡皮泥将变成什么?"比尔,一个7岁的儿童,他说他非常了解中国长城。灰色的橡皮泥使他想起脑海中的这些知识,他用印象中在图片上看到的线条和空间来雕塑墙壁。他解释说,他希望别人在观看他的作品时能够知道:"它花了许多年才建成。中国的皇帝开始建造,然后他的儿子继续建造。"

随着越来越多的儿童开始游戏,对雕塑创客空间的新材料感到好奇,他们想象中的三维作品逐渐在我们眼前形成。一个流星形的机器人,带有一个被小心放置当作发动机的金属钻头。一个有准确数量按钮的平板电脑是创作者在日常生活中可以见到的,甚至还有一个海盗的角色,配有藏宝图和一箱金属宝物。每件雕塑作品都有目的(儿童想要交流的内容),对儿童来说都有重要的意义,体现了儿童的创造力和想象力,以及想要他人欣赏的愿望。

4 岁的查理解释雕塑作品中的金属部件如何使她的流星飞起来

5 岁的埃莉诺解释如何使用她做的平板电脑

7 岁的苏玛雅雕塑了一个海盗冒险的故事

为什么接下来向儿童介绍雕塑创客空间

在用拼贴材料创作三维艺术作品和用建构材料体验全身游戏之后，儿童会探索用橡皮泥塑造他们的建筑来创作雕塑作品。传统的雕塑是用材料雕刻或塑造的（Lord，1958）。儿童很容易与雕塑建立联系，因为它与之前创作中的触觉经验有关，使儿童与橡皮泥、黏土和其他媒介立即产生关系。当年幼的创客转向雕塑时，他们可以与之前的手工制作经验联系起来，深入理解成为雕塑者意味着什么，材料是如何发挥作用的，以及如何通过上移、下推、向外伸展可塑材料来表达想法（Pelo，2007）。

将橡皮泥区改造为雕塑创客空间

当我们刚开始与 5 岁以下儿童的幼儿教师合作时，橡皮泥往往是提供给儿童的唯一雕塑材料。我们观察到它的好处，例如，儿童在摆弄黏土（压、挤、拉、推）时会提高手部的灵活性，但我们想增加游戏的复杂性，以便观察学习实践的情况，并增进儿童对作为一名创客意味着什么的认识。在更大的儿童所在的班级中，他们只在艺术课上使用雕塑材料，或将其作为单元结尾时的项目来展示他们在这个课程中所学到的东西。社区艺术课为儿童提供了黏土或其他雕塑材料，但目标是制作一个所有人都一样的最终作品。当然，标准或学习目标总是需要被体现出来，而儿童在一起游戏时仍然有很多机会探索，发展好奇心、精细运动技能和社交技能。

为年幼的创客做出调整

为学步儿和学龄前儿童提供大量的时间，让他们调动整个身体去探索橡皮泥和黏土材料。鼓励他们用脚趾和手指去挖黏土，然后示范如何推拉黏土来创造新的造型和纹理。

尽管如此，这些活动中心和社区活动仍然缺乏开放性材料及其他材料，以及对培养创客思维这一更大目的的有意规划，而这正是创客空间的关键所在。在儿童创作对他们来说重要的东西时，我们往往想提出支持儿童想象的问题，给他们机会进行调整。因此，我们开始使用几乎每个人都有的材料——橡皮泥，将橡皮泥区改造为雕塑创客空间。请使用下表的内容作为灵感，开始你的改造吧。

设计你的第一个雕塑创客空间

灵感与支持	• 黏土诗歌《用我的双手：有关创作的诗歌》，或者其他儿童图书或诗歌中的黏土插图，在儿童制作形状时启发他们 • 创客空间中鼓励创作的指示牌（"你能想象用这些雕塑材料创作什么？"） • 焦点课程，介绍如何用橡皮泥制作简单的形状
主要材料	• 在可能的情况下，从已有的材料开始，可以购买最便宜的雕塑材料、橡皮泥，或在家里自己创作；将颜色限制在一两种，这样儿童就会专注于他们能塑造什么，而不是混合颜色
开放性材料	• 从你所在的区域中收集一两种花草为设计增添色彩；自然材料可以让儿童容易地改变雕塑的形状或者取下他们需要的材料添加到雕塑中
工具与附件	• 简易的滚筒或形状切割器是一个好的开始；从你的工具中移除预先设定的人物和形状，鼓励儿童用开放式的形状（圆形、方形、三角形）创作自己的东西

将橡皮泥区改造为雕塑创客空间

我们在这个创客空间的下一个目标是让儿童在一年中接触更多的雕塑材料，并教他们使用更复杂的材料和工具进行创作。这个创客空间中的材料连续体从橡皮泥到各种黏土、现成的材料和箔纸，再到不同规格的金属丝，包括毛根、花丝和涂层丝。该创客空间包括用于雕刻、压印和切割橡皮泥的工具与附件。这个连续体中的部分材料可以在安·佩洛美丽的图书《小小艺术家：学前儿童美术探索活动》（*The Language of Art: Inquiry-Based Studio Practices in Early Childhood Settings*，2007）[1]中找到，她就是从黏土开始的。请使用下面的连续体选择接下来的主要材料和工具，以长时间维护创客空间。

雕塑创客空间的游戏和创作连续体

手工艺术 ←――――――――――――――――――→ **高新技术**

儿童探索主要材料的特性，他们挤压、滚动、揉捏和塑造自己想象中的事物，并且结合开放性材料表征自己的想法： • 橡皮泥 • 塑形黏土 • 天然黏土	儿童将他们所学到的有关连接和工具的知识进行归纳，挑选最有效的方法，用现有的或者可回收的材料进行创作，并且将开放性材料结合进雕塑中： • 硬纸板和纸 • 塑料 • 箔纸	儿童探索新的附件并用更多耐用的材料完善他们的雕塑能力，同时在雕塑时结合使用更复杂的开放性材料： • 金属丝 • 旧机器，被拆卸下来、重新调整用于他们的设计中	儿童使用电路和其他高新技术的雕塑材料和工具为雕塑作品塑造特征或增加运动能力： • 导电橡皮泥 • LED • 蜂鸣器 • 风扇

雕塑创客空间中的 STREAM 学习

当儿童在雕塑时，他们将以科学家、工程师、数学家和艺术家的角色参与跨领域的学习，在通过说、写交流他们创造的内容时用读写技能表达想法。当你观察儿童在雕塑创客空间的创作时，请使用下面的提示语，以确保领域之间的联系并满足各内容领域的标准。

---

[1] 该书的简体中文版已由中国轻工业出版社于 2022 年出版。——译者注

促进创客运动与 STREAM 学习联系的提示语

科学	• 询问材料的特性，以及在用双手塑形时它会发生哪些改变（"关于这种雕塑材料，你注意到了什么？你如何改变材料的形状以匹配你想象中要创作的东西？"）
技术	• 使用真实的工具为雕塑添加细节或图案（"你会在雕塑上添加哪些细节或图案来为你的设计带来活力？"）
读写	• 想象该材料令你想起的信息或故事，并以口头或书面形式分享（"当你用这种雕塑材料创作时，你想到了什么故事？"或"关于你所雕塑的作品，你会告诉别人哪些信息？"）
工程	• 探索连接黏土的方法（"你如何将黏土连接在一起？试一试并评估一下效果如何。"）
艺术	• 通过调整和测试材料如何通过匹配与重叠将形状融入雕塑（"你如何在雕塑上添加材料使它看起来像你想象中的样子？"）
数学	• 使用工具测量儿童想象中的雕塑所需材料的数量和长度（"你的创作需要多少黏土？"） • 探索能为作品增加纹理和风格的模式（"你注意到设计中有哪些模式了吗？"）

想象一下，创设一个雕塑创客空间

创设雕塑创客空间的目的是发展儿童作为雕塑家的身份认同，同时提高他们使用工具的熟练程度。这些儿童以前有很多玩橡皮泥和用橡皮泥创作的经验，所以我们邀请他们用塑形黏土来表征他们想象的东西。新的雕塑工具使他们能够将纹理融入设计中，并调整凹凸不平、粗糙和光滑的表面。

带有自然类开放性材料的雕塑创客空间：1. 灵感与支持（书籍和指示牌）；2. 主要材料（塑形黏土）；3. 开放性材料（木棍、松果、鸟食）；4. 工具与附件（木质滚筒和泥雕工具）

灵感与支持

儿童一直用橡皮泥创作和分享故事,我们现在想让他们探索一种更可靠的材料,这种材料对他们正在萌芽的雕塑技能来说仍然是有帮助的。在创设雕塑创客空间之前,我们发现了一些可以启发儿童在创作时使用新的主要材料的书籍。我们选择了《黏土伙伴》(*Claymates*,Dev Petty),美国艺术家劳伦·埃尔德里奇(Lauren Eldridge)在书中用软陶泥展示了构成人物的棕色和灰色部分。儿童想知道,当黏土球在艺术家的手中变成人物,然后开始塑造自己时,会发生什么。由于这本书很好地演示了真实工具的使用,因此我们认为这本书一定会成为启发和支持儿童进行雕塑的资源。我们增加了一个指导性问题,以帮助激发儿童的想象力:"你能想象用黏土创作什么?"

主 要 材 料

在这个创客空间中,我们开始了解风干黏土。佩洛(2017)将雕塑材料分为三类:黏土、现成材料和金属丝。她建议按照这个顺序将它们介绍给儿童,因为随着时间的推移,使用这些材料所需的技能水平将逐渐提高。黏土包括人造黏土和天然黏土,我们可以在当地的工艺品商店中找到它们。下面是为雕塑创客空间推荐的一些主要材料。

- 首先推荐使用的是橡皮泥,因为它价格实惠,适合许多教育工作者和照料者使用。人们在家里制作或在当地商店购买都很方便。橡皮泥很容易被按压、弯曲、挤压、扭转和撕扯,在使用黏土等密度较大的材料或铁丝等抗磨材料之前,它可以使儿童调整、冒险尝试新的雕塑方法,逐渐对自己的能力自信。

- 在创客空间展示的塑形黏土和软陶泥是进行下一步的不错选择。塑形黏土是一种油质材料，接下来介绍它是因为它的可塑性，它可以被反复使用且不会变干。这是动画师最喜欢的一种材料，因为它可以重复使用。软陶泥是一种具有很强可塑性的黏土，但在烤箱中被烘烤后会变硬。根据泰勒（Taylor，2014）的说法，这是年幼雕塑家的完美材料，因为它很柔软，并且在适宜的条件下，其形状可以被轻易改变。
- 风干黏土相对来说不是很昂贵，不需要加热便能硬化。

> **布置与审美**
>
> 当用黏土创作时，要保护工作台的表面。蜡纸、卷筒纸、塑料桌布、报纸、防尘布和硬纸板都可以用于保护工作台表面免受污渍和黏性残留物的影响。

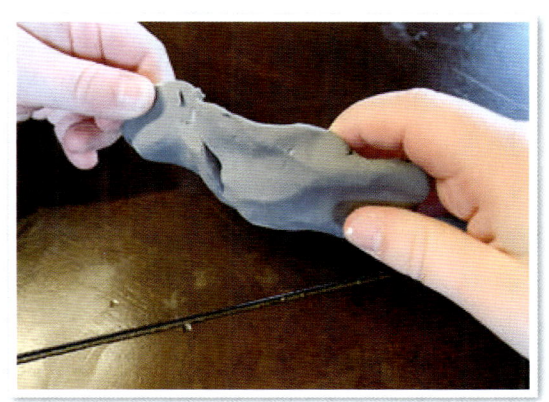

一个儿童开始探索塑形黏土，发现它可以发生哪些变化

> **为有特殊需要的创客做出调整**
>
> 对于那些不喜欢触摸橡皮泥或黏土的儿童，可以尝试将这些材料放在一个密封的透明塑料袋中。这样可以使儿童更容易触摸黏土，并在他们质疑和调整时增加他们对其质地的接受度。对于那些在游戏时可能会将物品放在嘴里的儿童，可以使用面团，教师要在他们游戏时仔细观察。如果你想在面团中添加香味，那么只有在儿童准备好接受这种额外的接触时才可以这样做，并且只使用不含有害物质的、食品级的精油或香草。

它们在连接东西时确实需要特定的方法，而且在使用时通常需要用水。风干黏土一旦变干就不能重新塑形。我们曾在快闪创客空间中为没有机会或资金进行窑炉烧制的创作小组提供风干黏土。

- 诸如纸板箱和塑料瓶之类的现成材料被佩洛（2007，p. 74）描述为"可任意使用的材料"，它们为雕塑活动"提供了有趣的挑战"。
- 箔纸更难摆弄和塑造，并且需要更复杂的连接方法来固定。
- 金属丝是一种结实且耐磨损的材料，需要毅力和较强的手部肌肉力量来塑形。

开放性材料

开放性材料非常适合被用于在雕塑活动中融入质感。"质感是物体或艺术作品表面的触觉特性。"（Daly & Beloglovsky, 2015, p. 38）每次触摸这些材料，儿童都会受到激励进行调整、探索和描述（"它是带刺的、柔软的、粗糙的、光滑的吗？"）。

在这个创客空间中，自然类开放性材料能够促使儿童探索不同的纹理感受。儿童可以用以下材料创作故事，解释他们所做的东西：

- 鸟食
- 松果
- 木棍

工具与附件

雕塑活动包含各种各样的工具，因为主要材料是由许多不同的媒介组成的。当使用橡皮泥和黏土时，任何东西都可以成为黏土工具。我们喜欢的新工具之一来自《和爸爸妈妈一起玩艺术：儿童创意黏土实验室》①（*Clay Lab for Kids: 52 Projects to Make, Model, and Mold with Air-Dry, Polymer, and Homemade Clay*，Cassie Stephens，2017）一书，其作者解释说，用浸湿的牙刷轻轻擦洗黏土的表面是一种很好的方法，可以让滑动和刻痕建立联系。蕾丝、麻布、凹凸不平的塑料包装气泡膜、硬纸板甚至鞋底，都可以用来在介质中印出纹理。另一个吸引人的方法是使用开放性材料增加纹理，从而将它们转变为工具。

在雕塑活动中，一些儿童开始用双手软化黏土，同时其他儿童使用自然类开放性材料

为了这个创客空间，我们购买了带有木柄的双头黏土雕塑工具，用于切割、雕刻、削片和抚平。

用于切割的工具：

- 牙线
- 串肉扦
- 回形针
- 糕点刀
- 不锋利的黄油刀

---

① 该书的简体中文版已由上海人民美术出版社于2019年出版。——译者注

5岁的麦迪正在讲述她的雕塑作品——多刺的豪猪

雕塑创客空间的工具给儿童提供了抚平、切割、雕刻和在黏土上创造纹理的机会

用于抹平和压扁的工具：

- 大罐子
- 木质亚克力滚筒
- 木销钉
- 手

用于接合和制作纹理的工具：

- 牙刷
- 开放性材料
- 鞋底、硬纸板、蕾丝、麻布、包装气泡膜和纺织品

用于创作金属丝作品的工具：

- 剪线钳
- 尖嘴钳
- 遮蔽胶带（用于包住金属丝的尖锐部分）

基于橡皮泥的连接特性，它可以作为一种连接材料。然而，在使用密度较大的黏土材料时，也需要其他的连接方法。在这个创客空间中，我们在加固连接处时最常用的材料是：

- 牙签
- 烤肉扦

安 全 提 示

不要使用锋利的雕塑工具,而是从更安全的工具开始,如牙签或儿童用来雕塑南瓜的安全工具,以保证他们在滑倒或做错了时也不会受伤。建议成年人在儿童使用锋利的工具进行雕塑时监督他们。

儿童使用牙签连接他所制作的驯鹿的头部和身体

雕塑创客空间中的天然黏土和玻璃类开放性材料

用于游戏和创作的空间

这是这些 4 岁儿童第一次体验到天然黏土的颗粒感、光滑、凉爽和泥土味道。佩洛(2007,p.58)主张为儿童提供天然黏土,因为它"传达了我们对儿童作为学习者所拥有的权利和作为艺术家所具备的能力的深切关注"。起初,孩子们对创客空间里的新工具表现出极强的好奇心。他们想知道能用这些工具做什么,并开始在使用黏土时测试和摆弄这些工具,看看用它们能创造出什么样的线条、图案和纹理。随着每条线穿过材料,一个新的图像出现在儿童的脑海中,材料似乎在与儿童对话。当威廉用波浪形的切割工具切割黏土时,他说它看起来像鲨鱼的牙齿:"我要做一条鲨鱼!"

每捏一下,他都会想象黏土在他的手中会变成什么。当威廉拉伸黏土时,它唤起了威廉的记忆,他说:"你知道大象有长鼻子吗?"然后,在用刀具切割一下后,他说:"这看起来像一只蝙蝠。"接下来,他的注意力转移到质疑黏土本身。威廉用他的手部肌肉把黏土拉到一起,并尝试改变黏土的纹理和形状。他想知道,是否能再次改变黏土的形状,于是开始把黏土拉扯成小块。

儿童在新创客空间中的第一天探索工具以及新的主要材料。重要的是,不要催促或跳过探索这一有益的阶段。在创客运动的学习实践中,这些行为被称为"质疑"和"修补",目的在于让儿童了解材料和工具的特性。

第二天,威廉又去探究工具,

通过摆弄黏土,探索它的特性并发现它会如何变化

威廉用黏土工具摆弄,并想象鲨鱼的牙齿

但是这次他的注意力集中在烤肉扦上。他问自己"我可以用这些做什么",然后继续通过打洞和画线来做实验,看看会发生什么。他这次对黏土和工具的探索持续了几天。吉尔·福克斯和罗伯特·席尔马赫(Jill Fox & Robert Schirrmacher,2015,p. 260)这样描述这个过程:"作为科学家,他们通过搓、捏、撕、拉、戳等方式对黏土进行一系列测试。通过对黏土进行物理操作,他们发现了它的特性。"

第二周,一位教师加入了这个创客小组,她安静地游戏和雕塑,同时观看儿童观察和注意什么。她开始用黏土做面包卷。其中一个儿童抬头说:"这看起来像是要做一只章鱼!"教师采纳了这一想法,将更多的触角连接到主体形状上。威廉建议这个生物应该是微笑的,并问她是否可以在这个作品上添加一个微笑。然后,他们俩开始讨论它怎样才能成为一只会找到海盗的宝藏的章鱼。威廉礼貌地要求把玻璃"珠宝"放在雕塑作品的触角里。这是一个完美的案例,展现了一个有强烈求知欲的儿童如何从教育者那里寻求有关材料使用的资源和知识。

威廉通过与教师合作,展示了"寻求与共享资源"环节的学习实践

几天后，威廉回到雕塑创客空间。他想起了波浪形的切割工具，以及当他在天然黏土上画出第一条线时，这让他想到了什么。他表达了自己的意图，说："我今天想要做一条鲨鱼！"他重新调整前一天制作的黏土形状，并切了一大块黏土做鱼鳍。然后，他用全身的力气将黏土块捣碎展平，形成鲨鱼的身体，接着用烤肉扦连上尾巴，然后做两侧的鱼鳍，进而完成鲨鱼的主体形状。他选择用弹珠代表眼睛，最后又回到启发他进行创作的工具上。他来回滚动波浪形的切割工具，使鲨鱼有了牙齿。威廉在制作对他有意义的东西时，越来越能够熟练地使用材料和工具。

威廉重新用黏土创作他想象中的鲨鱼，并使用了他长期以来接触的所有工具和连接方法

雕塑创客空间的学习记录

引导创客思维发展的学习实践	学习实践中的可观察指标
质疑	威廉想知道这些工具能做什么，并探索如何通过用工具创作线条和图案来改变黏土的形状。 威廉询问如何使用烤肉扦。
修补	威廉用双手捏、拉、撕黏土块来改变它的纹理和形状。
寻求与共享资源	威廉与他人合作制作章鱼，并分享想法。
改进与重新调整	威廉重新使用他前一天雕塑的作品来制作他想象中的鲨鱼的鳍和身体。
表达意图	威廉将使用切割器做出的波浪线与他所知道的鲨鱼的牙齿联系起来后，说他想做一条鲨鱼。
熟练	威廉练习使用烤肉扦，并在合作创作的雕塑作品上添加了微笑的细节。 随着时间的推移，威廉继续用黏土进行创作，并且在制作鲨鱼的过程中，开始将黏土块抚平并连接到一起。
从简单到复杂	威廉用玻璃珠宝展现一个有关海盗的宝藏的故事。 威廉将黏土块和弹珠结合起来呈现他有关鲨鱼的想法。

让更多的雕塑创客空间激发创作灵感

提高儿童对不同雕塑材料和工具的娴熟使用程度需要花费时间。因此，儿童全年都需要时间及不同的接触体验，以充分探索每种材料的特性，建立自信，获得能力，以便在创客空间中为他们的创作想法采取行动。这里有更多的雕塑创客空间，当你想象儿童用各种材料游戏和创作的地方时，这些创客空间会给你带来灵感。这些示例遵循前文的连续体顺序，由此儿童便可以在一年的课程中探究特定材料的特性。

带有自然类开放性材料的橡皮泥创客空间

带有纸张类开放性材料的现成材料创客空间

在缪斯·诺克斯维尔博物馆展出的纸雕海报

带有纺织类开放性材料的箔纸创客空间

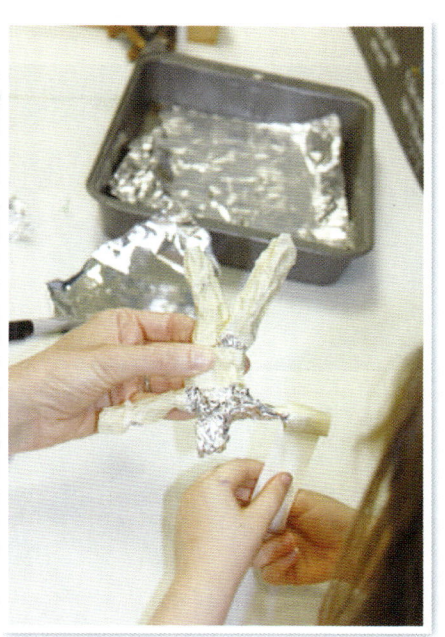

5 岁的埃默森用胶带包裹她精心制作的箔纸雕塑以塑造人物,然后用开放性材料设计服装以匹配她想象中的作品

带有纸张类开放性材料的金属丝创客空间

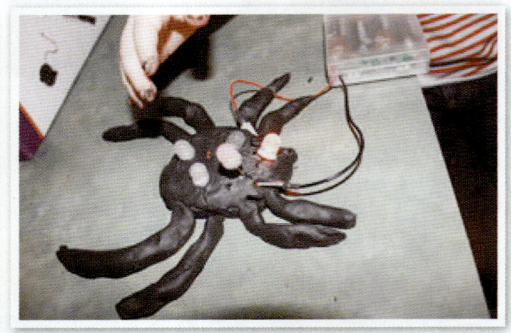

儿童在黏土电路创客空间用塑料的照明开放性材料进行游戏和创作:一个需要灯光才能保持冰冻的神奇雪人,一只眼睛发着紫光的宠物老虎,以及一只巨大的黑蜘蛛,这些都是用导电橡皮泥想象、塑造和照亮的

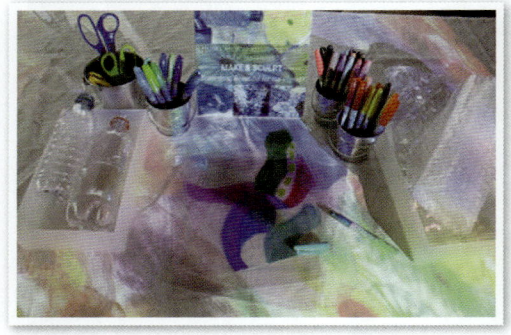

做标记:重复使用塑料类开放性材料创造一些美丽的东西,以展示对于材料的负责,以及成为我们这个星球的优秀管理者

分享我们的想法

雕塑创客空间中的许多材料可以被用于探索！然而，我们鼓励你按照我们建议的顺序使用材料，这样儿童就能对自己不断增长的使用雕塑材料的能力感到自信，并发展使用工具的娴熟程度。我们在下面的焦点课程中教儿童从用橡皮泥过渡到用塑形黏土进行创作。有时，需要这样的焦点课程来培养艺术家和创作者，并展示雕塑的具体方法。

雕塑创客空间的焦点课程

目的：儿童通过学习塑形和塑造材料，想象出用塑形黏土进行创作的方法。

材料

- 带有不同类型的雕塑图像的锚图"如何像故事创作者一样思考"
- 图书《看雕塑》（*Look! Look! Look! at Sculpture*，Nancy Elizabeth Wallace）
- 将塑形黏土的图片和标签添加到锚图中
- 塑形黏土
- 装着某个类别（自然、纸张、塑料、玻璃、金属、纺织品）中两三个开放性材料的容器
- 用于记录的照相机

聚焦和探索

导入："我们已经用橡皮泥创作了这么多具有创造性的作品。你们已经用工具切割和建构形状来匹配自己的想象。现在，

我想让你们探索一种新材料，它可能不太容易被按压和塑造。它叫作'塑形黏土'！"拿出一块塑形黏土展示给班里的儿童，让他们兴奋起来。"今天我们将通过学习塑形和塑造材料，想象出用塑形黏土进行创作的方法。"

教学："让我们先思考一下自己对雕塑的认识和理解。"拿出图书《看雕塑》并翻到书末描述雕塑的那一页。"这提醒我们，雕塑可以由不同的材料制成。"

"我们将用于创作的黏土是油质的，你们可以通过塑形和重塑它来展现自己的想法。"指向锚图上的书页，在游戏部分添加塑形黏土的图片和标签。"它还解释了雕塑如何呈现不同的纹理。塑形黏土的感觉与橡皮泥不同，它比较硬，但更容易被用于操作。首先，你要把黏土准备好，看我把黏土搓成球来准备创作。"示范用手指挤压黏土，使黏土软化，然后将它搓成一个球。

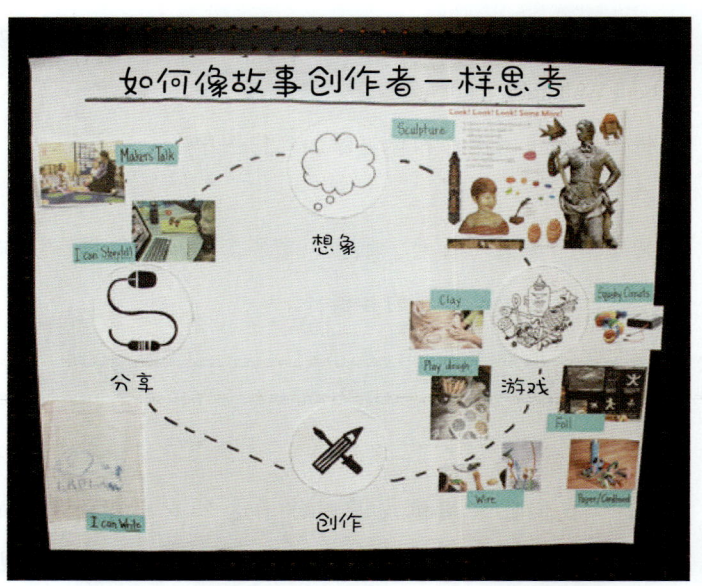

专门为雕塑教学制作的锚图"如何像故事创作者一样思考"

积极参与:"现在,我想让你们尝试一下这个方法来软化黏土并且捏一个造型来帮助想象。"给每个儿童都分发一块塑形黏土,让他们挤压然后揉成小球。为把黏土做成一个小球的儿童拍张照片,放在创客空间里表示支持。你可以继续使用另一种方法(画出图案、抚平黏土、消减黏土、添加黏土)或者在之后的焦点课程中示范不同的方法。

想象

允许儿童停下来想一想,他们今天想要探索什么材料和创客空间。询问儿童:"你们想象一下,用黏土创作什么?"将他们的想法、选择的创客空间或材料记录在"班级一览记录表"(见附录C)上。

我能将黏土揉成球。

我能挤压黏土。

我能把黏土搓成蛇。

我能拉黏土塑形。

与儿童一起制作呈现黏土使用方法的锚图,并将其放在创客空间中以支持儿童

游戏和创作

使用"学习实践记录表"（见附录 B），通过强调观察到的行为，记录儿童在创作过程中表现出的学习实践。记录儿童的语言表达以及行为表现。当儿童第一次使用这种材料时，他们是否在摆弄黏土？观察儿童摆弄黏土以形成不同的形状，并发现他们如何将黏土黏合在一起。随着儿童创作经验的增加，观察他们是否对黏土、工具或开放性材料进行调整和再利用，并用新的方式表达自己的想法。

分享

找出一个尝试过新方法的儿童，请他在创客谈话时间与大家分享他的成功经验或遇到的困难，培养分享与合作的创客思维。让儿童带来他们的雕塑和使用的工具，并请他们向全班解释工具的用途。让儿童用一块黏土演示该工具的作用。其他儿童可以思考，然后分享这如何帮助他们成长为雕塑家，以及他们现在可以在这个创客空间里做什么。

激发创客进行雕塑的推荐书籍

在雕塑创客空间里，我们使用儿童图书介绍多种雕塑，并探索当我们塑造时，黏土可以变成什么。我们在雕塑创客空间里使用了以下图书。

- 《当黏土在唱歌》（When Clay Sings，Byrd Baylor）
- 《黏土》（Clay，Mary Firestone）
- 《小黏土罐》（The Little Clay Pot，Cheryl Kincaid）
- 《黏土伙伴》
- 《黏土的魔力》（The Magic of Clay，Adalucía Quan）
- 《看雕塑》

空间改造的下一步

材料连续体对创设雕塑创客空间特别有帮助，因为儿童需要更多的示范和练习，从而熟练使用主要材料与工具。指定时间和空间让儿童充分探索与学习，他们就会在创客思维方面取得很大进步。

创设第一个雕塑创客空间后，观察其中的儿童，收集创客运动中学习实践的证据，停下来反思和分析他们是如何成长为创客的。例如，如果你观察到儿童遇到困难并通过调整设计而坚持下来，那么他们就是在改进和重新调整，反过来说，他们也表现出了成长型思维。花些时间与同事进行一次创客谈话，思考儿童是如何成长为创客的，然后合作完成雕塑创客空间的下一次转换。

- 当儿童在雕塑创客空间中游戏和创作时，你观察到他们表现出哪些学习实践？这些行为与创客思维有何联系？
- 询问儿童："你在成为创客的过程中学到了什么？作为雕塑家，你学到了哪些新技能？"想一想，这与创客思维有何联系。
- 关于改造黏土区或与儿童一起进行 STEAM 雕塑活动，你有什么计划？

第 6 章

表演创客空间

想象我们可以成为的角色，
随意摆弄围巾，让想法自由地浮现。
为我设计服装和背景，
我为所有人演奏和表演。

故事激发创作

阳光明媚，儿童外出学习，开启美好的一天。材料在灯光下闪闪发亮，向儿童发出邀请和召唤。儿童充满渴望的小手伸向充满吸引力的事物——一组透明且泛着微光的围巾，在阳光下闪亮，就像一道"彩虹"一样。

丝带的颜色和质地各不相同，从荧光黄色的条纹到金属色的串珠装饰，再到质朴的麻绳，还有黄绿色的蕾丝、太阳下闪耀着各

从不同颜色的纺织类开放性材料中获得灵感来设计服装

用于设计服装的户外表演创客空间

埃贾尼选择成为一个绿色的蝙蝠侠

种颜色的刺绣线以及大量的织物。牛仔布、棉布和丝织品，无论是纯色的还是带有图案的，都有独特的纹理。看起来像是用羽毛和天然麻绳做成的粗毛根被用作连接物。儿童按照指示牌的提示想象可以用这些材料创作的角色，同时兴高采烈地抚摸织物，把它们对着阳光，不断地摆弄，并尝试着用不同的方式使用它们。

材料引起儿童广泛的兴趣，因为它们是开放式的，吸引儿童为自己和木偶想出服装创意。5岁的埃贾尼想成为蝙蝠侠[1]，但他不想要黑色的斗篷。他最喜欢的颜色是绿色，所以他决定做一个绿色的蝙蝠侠。他选择用绿色的蕾丝作为头带，并用绿色的毛根连接。他选择了一条绿色的围巾作为斗篷，并用麻绳固定，还用绿色的毛根装饰斗篷。他甚至选择使用绿色的剪刀！

6岁的哈珀想成为惊奇队长[2]，"但她是一个喜欢粉红色和紫色的女孩"，所以她选择一条粉红色的围巾，并用毛根在斗篷的前面打了一个结，还用金属丝带缠绕毛根作为皇冠。

尽管哈珀已经做好了服装，但她还没有从材料中获得灵感。材料创造了集合的地方，

---

[1] 美国科幻电影《蝙蝠侠》（Batman）中的主角。——译者注
[2] 美国科幻电影《惊奇队长》（Captain Marvel）中的主角。——译者注

哈珀选择成为一位带有粉红色和紫色的惊奇队长

哈珀创作了一个木偶角色，并与他人合作参加了一场木偶表演

将儿童聚集在它们周围，并成为学前教育活动、过往和生活的一部分（Kind，2014）。哈珀想用它们多玩一会儿，以更好地了解它们。她决定做一个"伙伴"，这样就可以继续摆弄，因此选择一块带有图案的布料，并设计一个木偶角色来陪伴她一起冒险。哈珀为其他也决定制作木偶的同伴提供了资源，他们产生了另一个想法：一场木偶表演！

这个创客空间中的开放性材料对女孩和男孩具有同样的吸引力，支持他们从颜色、纹理、形状、形态和功能中不断生发想法。儿童用这些材料进行游戏，尝试各种创作的可能性，将彼此作为思考资源，把自己想象成超级英雄，并创造木偶作为他们的伙伴。

为什么接下来向儿童介绍表演创客空间

我们将表演创客空间定义为一个表现故事、想法和计划的地方，它包括戏剧表演、服装设计、角色发展、场景设计、动作和道具。儿童在创作作品的过程中测试、调整材料，以创造想象中的东西。

儿童通过动作、对话、人物发展和背景表现日常事件，使雕塑和其他创客空间进入了表演的领域。"儿童的游戏世界是一个有故事的世界，其文本充满了生动的对话、人物和故事情节。在游戏过程中，儿童按照自己的方式创作他们想象的现实生活或幻想的世界。"（Wohlwend，2013，p. vii）我们观察到，儿童拿着他们创作的飞机模型在教室里模拟起飞，或者在建构创客空间里装扮起来，在他们想象的城市里指挥交通。虽然表演可以在任何创客空间里进行，但我们要提供明确的启发性提示、焦点课程、材料、工具和附件，以支持儿童的跨领域表演及其在表演创客空间里随之而来的行动、角色和背景。虽然表演可以单独进行，但表演创客空间是一个社会构建的空间，大家一起庆祝由感兴趣的儿童组成小组所进行的合作行动和产生的想法。"即使是无生命的物体，如工具、技术、材料和环境，也可能涉及创造性想法的发展。"（Clapp，2017，p. 41）

将娃娃家和戏剧游戏区改造为表演创客空间

在正式和非正式的学习空间中都可以找到娃娃家。这些区域传统上都会有一些厨房设备、一张配备椅子的桌子以及一些服装（医生、消防员）。道具和服装都有规定的用途，不能随意代表其他不同的想法和意图。此外，这些区域提供的物品并不代表真实的工具和材料（塑料听诊器、餐具和食物）。有时，在这个区域中发现的购买的木偶往往代表特定的角色，不能被儿童随意改变或重新设定为不同的角色。

研究表明，儿童有能力将普通的物体和情境转变为"想象的事物，其中物体和情境可以被重新想象与定义"（Rainville & Gordh，2016，p. 76）。使用下面的表格可以充分发挥儿童的这种潜力。我们建议从角色塑造（服装、木偶）开始，但是合作的项目（妙妙屋①或壁画）可以形成共同体，这也是一个很好的起点。

设计你的第一个表演创客空间

灵感与支持	• 展示明显的人物特征或带有详细的环境/地点插图的儿童图书；阅读并摆放副本以获得灵感（《女孩子的穿搭日记》就是一本非常有趣的书，可以为儿童带来服装和角色方面的灵感） • 创客空间中鼓励创作的指示牌（"你能想象用表演材料创作什么？"） • 焦点课程，介绍角色设计（木偶）或合作性场景（妙妙屋或壁画）
主要材料	• 纸张总是一个好的起点；硬纸板可以用来制作妙妙屋、角色、服装或壁画 • 布片和围巾可以有很多用途（装扮、舞台幕布）
开放性材料	• 你已经拥有的一些小开放性材料（纽扣、贝壳、亮片）可以用来点缀并增加人物、环境和服装的细节
工具与附件	• 剪刀、一双小手、胶水，将开放性材料粘到硬纸板上（撕开或剪开），这提供了讨论和思考细节的机会

将娃娃家改造为表演创客空间

---

① 原指迪士尼公司为学龄前儿童制作的动画片，其内容生动有趣，寓教于乐，让孩子们在欢乐的氛围中学习数字、形状和逻辑思考等。——译者注

儿童一旦开始在表演创客空间游戏和创作，就可以使用下面的连续体确定下一步的材料、对话和数字应用程序。

表演创客空间的游戏和创作连续体

| 手工艺术 ←――――――――――――――――――――――――――――→ 高新技术 |

向儿童介绍以第一人称叙事，设计角色、服装和游戏场景（木偶、装扮、厨房、面包店、餐馆、房子、公园）。 他们在参与对话并在游戏中加入行动时，会使用第三人称对话以塑造和设计人物。 用于角色、场景和服装制作的常见主要材料包括： • 硬纸板 • 工艺棒 • 小树枝 • 围巾、织物 • 真正的工具（银器、烤箱、谷物盒）	儿童利用他们的想象力和新工具（钉子、锤子、低温胶枪）设计出更精致的服装、场景、道具和角色，在游戏和创作过程中建构更复杂的结构和角色。 他们使用更多开放性材料，并减少使用封闭性材料（购买的木偶、塑料厨房用具）。	儿童在行动（定格动画工作室）、场景（绿幕软件）、编码角色的运动（Ozobots[①]）以及发展数码角色（Toca Mini[②]、ChatterPix Kids[③]）时使用更多的高科技应用程序。 厨房设备和装扮服装（医生、消防员）被移除，儿童创造自己的角色、场景、服装和背景（面包店、比萨店、公园）。

为年幼的创客做出调整

年幼的儿童最初可能需要具体的表现形式进行游戏。我们建议尽可能使用真实的物品（银器、帽子），而不是玩具。慢慢地鹰架儿童向使用开放性材料过渡，这需要培养他们的抽象思维和表征能力。

[①] 美国的一个免费平台，帮助儿童学习编程，被用于 STEAM 课程。——译者注
[②] 一种适合儿童游戏，且创意无限的应用程序，儿童可以进行不同的装扮，也可以用不同的角色进行冒险。——译者注
[③] 一款针对儿童的互动软件，可以让任何东西说话，如涂鸦作品或照片等。——译者注

> **为有特殊需要的创客做出调整**
>
> 当你放弃对人物和环境的具体表征时，有特殊需要的儿童可能仍然受益于看到人物（消防员、医生）或环境（海滩、餐馆）的图片，这会为他们最初需要通过复制进行表征提供支架。

表演创客空间中的 STREAM 学习

表演创客空间中的创客们有大量的机会进行 STREAM 学习。下表呈现了跨领域学习的机会，并为儿童在整个课程中的深入思考提供了问题线索。

促进创客运动与 STREAM 学习联系的提示语

科学	• 利用感官判断道具的移动和动作的推/拉（"你打算如何移动角色或为角色添加动作？"）
技术	• 弄清楚如何使用新的工具和应用程序（"当你用这些材料进行游戏和创作角色/场景/服装时，你将如何使用这些工具/应用程序？"）
读写	• 和其他人交流（"你将如何使用对话/脚本/木偶表演与他人进行交流？"）
工程	• 制订替代解决方案（"你如何让这些材料发挥作用？"或"你如何将这些东西联系起来，使其为你的游戏/环境/角色服务？"）
艺术	• 以多种方式表达意义（"你是如何制作服装/角色/场景的？""你用什么材料制作服装/角色/场景？"）
数学	• 在创作服装、场景和角色时，测量、认识形状和计算（"你是如何决定服装/场景/角色的大小/形状/细节的？"）

想象一下，创设一个表演创客空间

创设表演创客空间的目的在于引入新的材料，在儿童塑造稳定的角色、扮演各种不同的角色、创造场景以及为他们的故事、想法和角色设计行为时，能够进一步发展他们作为表演者的身份。在这个创客空间中，儿童正在创作角色，并专注于为角色添加细节（身体特点、装饰、颜色、个性）。我们的目标是在儿童添加开放性材料以强化角色的外观、个性和行为时鼓励他们精心设计。我们还鼓励儿童在表演、对话、故事和游戏中投入角色，以此增加词汇量（金属、闪闪发光）和口语表达。

采用金属类开放性材料进行想象和创作的表演创客空间：1.灵感与支持（书籍和指示牌）；2.主要材料（箔纸）；3.开放性材料（金属：毛根、螺母和螺栓、镜子）；4.工具与附件（胶水、剪刀、回形针、晾衣夹）

灵感与支持

进入创客空间的儿童找到了启发灵感和耐人寻味的材料,包括金属的毛根、小镜子和箔纸。一块指示牌邀请他们探索金属类开放性材料,上面写道:"你能想象用金属材料设计什么角色?"《女孩子的穿搭日记》这本书展示了许多穿着不同服装、拥有不同特征和行为的人物,可以启发儿童设计自己的角色。

> **布置与审美**
>
> 许多表演游戏区都有用于悬挂服装的挂钩。可以试着用挂钩把围巾或大块的织物按照从冷色调到暖色调排列起来。当儿童用它们创作超级英雄的斗篷、婚礼面纱和飘逸的公主袍时,五彩斑斓的颜色将吸引儿童与织物互动。

主要材料

我们将箔纸作为这个创客空间的主要材料。孩子们以前从来没有使用过它,他们用它雕塑人物时非常有趣。美国著名幼儿教育专家薇薇安·佩利(Vivian Paley)写道:"幼儿需要表演出他们的想法,以进一步了解周围的世界。"(转引自 Masterson & Bohart,2019,p. 50)无论是用于表演游戏、场景设计,还是道具设计,主要材料的选择都应该代表儿童的思考、意图和目标。可以结合之前创客空间的主要材料不断扩大儿童创作的可能性:

洛丽设计了一个小狗的角色,并用箔纸创作了它的身体

- 艺术创客空间的纸张等艺术材料可被用于绘画和涂色的场景
- 建构创客空间的硬纸板、管子和积木可被用于搭建场景
- 橡皮泥、黏土和金属丝可作为表演游戏和场景设计的道具
- 任何其他开放的主要材料都可被用于实现儿童的目的和想象

开放性材料

表演区的开放性材料将被用于设计角色、服装、场景和道具。在这个创客空间中，我们使用了以下金属类开放性材料：

金属类开放性材料

- 小镜子
- 螺母
- 螺栓
- 螺丝
- 垫圈
- 金属配件
- 金属丝
- 毛根

工具与附件

儿童可能使用从其他创客空间中找到的多种多样的工具，包括：

- 可以剪裁织物的剪刀
- 纸板切割工具

- 用于为场景、道具和服装涂色且大小不一的画笔
- 低温热胶枪（用于黏合大型材料的新工具）

在表演创客空间发现的附件还包括：
- 松紧带
- 橡皮筋
- 活页夹
- 毛根
- 胶水
- 纱线
- 夹子

我们计划让儿童在这个创客空间里使用胶棒和回形针作为附件。一些儿童用胶带固定角色的零件。我们将毛根作为附件，但亨特有一个更好的主意。他用毛根制作了他想要的火箭船，守护着行星和外太空（镜砖和箔纸）。

用毛根创作的火箭船

用胶带将金属线固定在角色的衣服上

用于游戏和创作的空间

快到年末时,孩子们正在为夏天做准备。当他们谈论可以在夏天做什么时,其中一个儿童提到了妙妙屋。这个想法被逐渐完善,直到他们决定创作自己的妙妙屋。这个创客空间的目的是创造一个社区空间,以表现社区的包容性,这里的每个人都可以作为设计师做出自己的贡献。

这个表演创客空间确定了场景设计,用硬纸板作为主要材料,并使用一些金属类开放性材料。工具是颜料,附件是胶带。在一起工作时,孩子们证明了共同参与的创造力,这可以"被描述为一个发明和创新的过程,其中充满了不同行动者的想法,并且每个人都对想法的发展过程做出了贡献"(Clapp,2017,p.45)。

孩子们用硬纸板和金属类开放性材料创作了一套作品

妙妙屋的创作是所有儿童共同参与游戏和创作的结果

每个儿童都在为妙妙屋的整体设计做出自己的贡献。斯蒂芬妮装饰了一块圆形的卡片并想将它挂在妙妙屋上,但她遇到了一个问题,即胶带被占用了,所以她必须找到另一种连接方法,她找到了一个螺丝钉。首先,她必须将它穿过卡片,尽管这对她来说有些困难,但她并没有放弃。

接下来,她必须在妙妙屋里找到一个可以使用长螺丝钉的位置,确保不会使它从另一边冒出来。她找到了一堵很厚的墙,将螺丝钉穿过硬纸板,小心翼翼,避免它戳到自己或其他人。

当她完成时,她非常自豪,说道:"我成功了!请为我欢呼吧!"妙妙屋因为前面贴着她的圆形卡片而看起来更加漂亮,同时螺丝头证明了她在努力学习使用新的附件。

斯蒂芬妮选择了一个螺丝钉作为附件,她首先把螺丝钉按进圆形卡片

斯蒂芬妮坚持不懈地将螺丝钉按入妙妙屋的墙壁,固定住圆形卡片

儿童用硬纸板和开放性材料建造一个妙妙屋

表演创客空间的学习记录

引导创客思维发展的学习实践	学习实践中的可观察指标
质疑	孩子们问:"我们可以创作什么?" 斯蒂芬妮来回踱步并问她的同伴:"你打算做什么?"
修补	孩子们尝试不同的材料和工具,摆弄着它们思考如何做出贡献。 斯蒂芬妮把所有的金属类开放性材料都倒了出来,并与其他儿童探讨它们的可能用途。
寻求与共享资源	儿童把彼此作为资源,提出问题并获得关于装饰妙妙屋的建议。 斯蒂芬妮一找到将圆形卡片固定到妙妙屋上的方法,就与伙伴们分享她新发现的知识。
改进与重新调整	作为一个小组,孩子们决定改进和重新调整他们合作进行的设计,并用金属垫圈创造了一个窥视孔。 别人正在使用胶带,斯蒂芬妮不得不找另一种方法将圆形卡片固定在妙妙屋上。她以一种创新的方式使用了一个螺丝钉。
表达意图	全班儿童决定一起创作一个妙妙屋,他们也确实这样做了! 斯蒂芬妮大喊:"我需要把这个放在那上面。"

（续表）

引导创客思维发展的学习实践	学习实践中的可观察指标
熟练	作为一个小组，孩子们熟练地使用油画棒为妙妙屋添加颜色和细节，并用它们勾勒轮廓、着色和书写。 当斯蒂芬妮使用螺丝钉制作时，她试图发现将螺丝钉按入硬纸板的方法，伴随着不断地尝试，她做起来越来越容易。
从简单到复杂	这个妙妙屋虽然是一个简单的建构物，但它具有包容性并且展现了每个儿童的天赋和技能。

让更多的表演创客空间激发创作灵感

从字面来看，表演创客空间只受限于儿童的想象力。你可以对其他创客空间的材料进行混合和重新利用，或者用新的开放性材料进行启发，从简单的织物和积木到高科技工具。下面的例子只是无数可能性中的一些！

用硬纸板和木质类开放性材料探索服装设计

用木质和纺织类开放性材料探索角色发展

用厚纸等纸张类开放性材料探索场景的设计

用纸张和工艺材料探索角色设计

用定格动画应用程序探索人物动作

第 6 章 表演创客空间　　143

用影子和木质材料探索道具设计

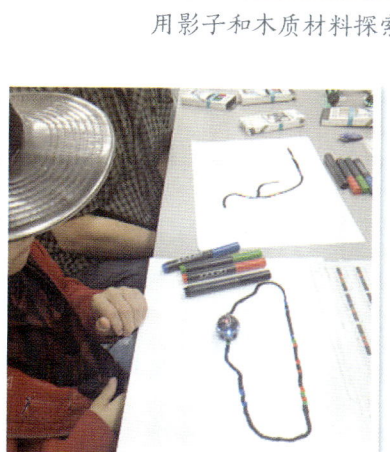

在 4 个家庭事件中，使用 Ozobots 探索角色的行为

做标记：在戏剧游戏中，孩子们通过合作表演他们想象和创作的戏剧来展现自己与同伴的关系

分享我们的想法

表演创客空间的焦点课程

目的：儿童将通过制作特定的服装来想象玩硬纸板的新方法。

材料
- 展示服装设计想法的书籍，如《梦想你未来的样子》(*Dream You'll Be*，Joseph T. Garcia)
- 遮蔽胶带
- 颜料
- 硬纸板（剪成不同的大小和形状）和盒子
- 用于记录的照相机

聚焦和探索

导入："我看到你们在装扮区玩，你们似乎很开心。我注意到，有时你们会假装成兽医、医生或消防员。这让我有了一个想法！我想，如果你们假装成其他人，如护士、公主或超级英雄，也会很有趣。所以，今天我们将通过创作特定的服装来想象玩硬纸板的新方法。"

教学："当我在读这本《梦想你未来的样子》一书时，我发现自己可以成为很多角色。我注意到一个宇航员、一个摇滚明星，甚至还有一个科学家。"展示这本书的书页，让儿童标记他们可能要创作的想法。"我在想，如何用这些纸质材料制作服装。"准备好一些被剪成不同大小和形状的小硬纸板。"看着我想象如何用这些材料进行不同的游戏来制作我想要的服装。"示范将小硬纸板以不同的排列方式摆放，以此显示通过游戏可以进行开放式探索。把一块硬纸板像面具一样放在脸上，并说"哦，我可以做一个面具"。拿起另一块硬纸板并好奇地看着它。把它放在你的手臂上，像袖子一样，然后大声说出来以帮助儿童想象。"我觉得，我手臂上的这块硬纸板看起来像袖子，或者一个手镯！我可能会用开放性材料装饰它，并且它可以是一个公主手镯，还可以是保护我的盔甲。让我看看我还能玩什么，做什么。"继续捡起硬纸板并假装用它们做服装的其他部分（盾牌、翅膀、光环）。在想象你能做什么的可能性时，大声分享你的想法。你可以举起一块硬纸板说："这让我想起了翅膀的形状。我可以做一双翅膀，成为一只鸟。或者，我可以成为一只大黄蜂或花园里的仙女。"

积极参与：向儿童展示你在表演创客空间中投放的两三种新材料以及硬纸板。相互传递，让每个儿童都能拿着这些东西，或者把它们放在投影仪上，让他们作为一个小组来查看细节。"现在仔细看看。你们能想象用这些材料创作什么服装？"分享或记录他们的想法，帮助他们开始一天的创作。

想象

让儿童停下来想一想，今天想要探索的材料是什么。询问他们："你们想象用这些表演材料创作什么？"在"班级一览记录表"（见附录C）中记录他们当天的创作意图以及选择的创客空间。

游戏和创作

通过拍照和口述，在"学习实践记录表"（见附录B）上记录儿童在创作过程中表现出来的学习实践，记下儿童说的话和做的事。如果你看到他们翻看并摆弄硬纸板，那么他们就在探究并思考用这些硬纸板能做什么。如果他们研究硬纸板并尝试不同的东西，他们就是在进行调整。如果你注意到儿童以不寻常的方式折叠、切割或使用硬纸板，他们就是在进行改进和重新调整。

分享

请一位使用过新材料的儿童在创客谈话时间与大家分享，以此激励未来的创客们在表演创客空间中的创作。询问儿童在创作过程中的下一步打算做什么，这有助于儿童养成表达意图和制定目标的习惯。

激发创客进行表演的推荐书籍

在表演创客空间中，我们使用了很多儿童图书，这些图书展示了场景设计和角色发展的细节，如下所示。

- 《蜜蜂的季节：时尚的色彩之书》(*A Season to Bee: A Stylish Book of Color*，Carlos Aponte)
- 《神奇花园》①(*The Curious Garden*，Peter Brown)（场景；布景设计）
- 《故事的配方》(*Recipe for A Story*，Ella Burfoot)
- 《公主穿登山靴吗？》(*Do Princesses Wear Hiking Boots?*，Carmela LaVigna Coyle)
- 《瓢虫女孩与装扮困境》(*Ladybug Girl and the Dress-Up Dilemma*，Jacky Davis)
- 《纸娃娃》②(*The Paper Dolls*，Julia Donaldson)
- 《梦想你未来的样子》

---

① 该书的简体中文版已由江西科学技术出版社于 2010 年出版。——译者注
② 该书的简体中文版已由广西师范大学出版社于 2022 年出版。——译者注

- 《弗雷迪动物园》(*Fraidyzoo*，Thyra Heder)
- 《一个大蛋糕》(*A Great Cake*，Tina Matthews)(以一种开放的方式使用烹饪道具)
- 《发挥你的想象力》(*Use Your Imagination*，Nicola O'Byrne)
- 《女孩子的穿搭日记》
- 《用我的双手：有关创作的诗歌》(关于影子)

空间改造的下一步

在这个有意义的表演创客空间里，儿童将想象、游戏、创作以及分享角色、场景、服装等。当你改造表演创客空间，引入更复杂的主要材料和开放性材料来鹰架儿童并激发他们的灵感时，要确保表演创客空间能够促进儿童创客思维的发展。考虑跨领域的创新：这个创客空间提供了一切，从在纸上画下想法到设计服装，再到在表演中使用它们——从想法到行动——或者从塑造角色（在表演游戏中）到在动画制作中设计、编写剧本和指导想法。在儿童游戏和创作时，记录他们的学习实践，以分析他们的创客思维的发展。例如，如果你观察到儿童从一个空间到另一个空间为作品和服装收集材料，其实他们正在寻求和共享资源，并改进和重新调整来自其他创客空间的材料。当他们跨越领域进行创作时，他们正在成为 STREAM 创新者，这是创客思维的特征之一。

停下来，和你的同事一起反思儿童在表演创客空间中通过游戏和创作发展创客思维时的思维习惯。

- 你将从哪里开始改造表演创客空间？（角色发展、场景设

计、服装设计、道具开发）
- 你如何使表演创客空间成为儿童合作思考和游戏的空间？有哪些表演的想法？
- 你观察到儿童在表演创客空间里游戏和创作时表现出哪些学习实践？这些行为的哪些方面与培养创客思维有关？
- 询问儿童："关于成为一名创客，你学到了什么？""作为一名表演者，你有哪些新技能？"思考他们的回答与创客思维有何联系。

第 7 章

小小世界创客空间

混合沙子、泥浆或煤泥，创作新的世界，
我创作了所有不同时期的景观，
乱成一团，创意纷飞。
居民在这里发明和生活。
一个充满可能性的宇宙，
一个属于我的世界正在被孕育和生根。

故事激发创作

一群 2—4 岁儿童对透明容器中水状的新球形材料所呈现的石灰绿色、乳白色和鲜艳的水绿色充满好奇。绿色的景观、寒冷的冬日和深蓝色的大海出现在小小世界创客空间的儿童讨论中。当儿童开始探索吸水珠时，他们被斑斓的光芒吸引，这些色彩在光桌的衬托下更加耀眼。儿童将所有的彩色吸水珠倒在一起，一边回忆一边想象栖息地。探索新材料是创作过程中重要的组成部分，儿童在这个过程中探究材料的属性并了解它们可以被用来做什么（Topal & Gandini，1999）。当吸水珠洒到地板上时，儿童光着脚用手挤压吸水珠，让水渗出来，把一些吸水珠压成碎片。他们惊讶于小碎片的形成以及碎片边缘在光中闪烁。"哇，这个看起来像一颗小宝石！"一个孩子一边用手指戳着碎裂的吸水珠一边说。他们虽然制造了一些混乱，但无数的想法和可能性也开始在他们的脑海中盘旋。

接下来，儿童将一些木质类开放性材料放在吸水珠上，他们好奇这些材料是否以及如何漂浮在这片"吸水珠海面"上。随后，一堆工艺棒、衣夹和小木棍开始出现在这片吸水珠上，一个孩子说："它们看起来像是漂浮在水面上！"然后，他开始

邀请儿童使用一种新的材料——吸水珠，发挥想象力，创作一个小小世界

儿童探索吸水珠的特性，与材料互动，想象新的创作可能性

在探究材料时，这个孩子发现吸水珠十分结实，足以将木质材料固定在表面上，他把这些吸水珠想象成水

翻阅一本有关栖息地景色的书，他发现了一幅河流的图片，图片上还呈现了和他想象中一样的海绿色海水。探索材料可以放飞儿童的想象力，更能激发儿童讲故事的欲望（Topal & Gandini，1999）。

在这个小小世界创客空间里，当儿童重新利用这些树枝为生物建造家园时，这张河流的图片成为极具启发性和引导性的材料。儿童与材料互动的过程也是材料发生转化的过程，最终会呈现不同的结果（Taguchi，2011）。粗糙的树枝转化成洞穴，不同角度连接的衣夹变成水獭。儿童的创作与材料的特性相结合创造了一个水景栖息地，这里居住着以木头为食的居民。儿童可以在这里游戏，也可以表演他们创作的小小世界里的日常事件。

这些材料变成水獭家族生活的河流栖息地

为什么接下来向儿童介绍小小世界创客空间

当儿童在表演创客空间中将他们关于场景设计、服装制作和角色发展的想法付诸实践时,他们就开始想象如何才能将所有的作品结合在一起,创作一个美丽的世界或故事。让儿童打造新颖的世界是创设小小世界创客空间的目标之一。观看导演在电影结尾的解说,你将会听到整个电影从服装质感到场景设计的细枝末节,从而形成一个完整的故事。导演添加的每个元素都有一个共同的目的:将观众与某种体验联系起来。儿童在摆弄感官材料时，他们可以体验各种不同的视角，扮演导演和演员，最终将自己的故事书写成文字（Smith，2012）。所有的感官都可以参与到创造一个想象的场景或小小世界的活动过程中。在虚拟世界和现实世界中，让儿童连续探究游戏中的纹理、设计、形式和可能性，会使这些元素在全年的活动中逐渐变得更加复杂。

将感官区改造为小小世界创客空间

当我们第一次分析幼儿园里的感官区以及贯穿小学低年级感官科学的相关活动（制作黏泥）时，我们发现这些区域在实验期间及其后续时间内只提供一种主要材料和相同的工具。虽然活动的重点是探索材料的特性，但儿童几乎没有机会放飞他们的想象力，超越感官材料的预设用途或实验方向。例如，当沙盘作为感官区的中心材料时，它通常包含一成不变的漏斗、筛子和塑形玩具。有时，一些塑料摆件也会被添加到沙盘中以扩展游戏。然而，摆件和模具只是展示它们本来应该成为的角色：在整个游戏过程中，海豚仍然是海豚，海星也仍然是海星。

> **为有特殊需要的创客做出调整**
>
> 在游戏中投放具体的物品是支持年幼的儿童和有沟通障碍的儿童的一个重要策略。你可能想要从各种各样的塑料摆件或剪贴画开始，这样儿童就有机会选择角色，然后再开始用开放性材料创作它们。你也可以从中了解儿童在他们自己的小小世界里创作了什么。

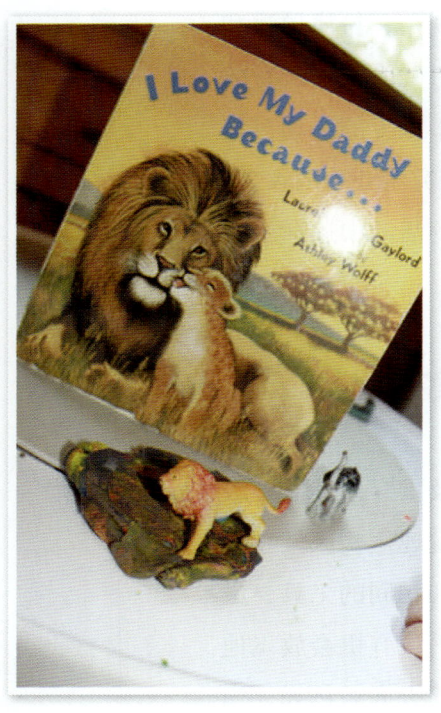

> **为年幼的创客做出调整**
>
> 当蹒跚学步的儿童在游戏时，可以用讲故事的方式讲述你所看到的他们的游戏行为。例如，"有一天，大象在泥里行走，然后它被困住了。"询问儿童："大象说了什么？"儿童可能会回答："哦，哦"或"哦，不！"当讲述他们的游戏时，你就在演示故事听起来是什么样的，并给予他们添加细节的机会。

在摆弄橡皮泥并探索它的特性后，一个 18 个月大的孩子选择了一个玩具狮子，他开始试图把玩具狮子从"泥泞"中拉出来，并说："呃，卡住了。"

在鼓励小小世界游戏的幼儿园和家庭中，故事是由成年人创编的，或由放置在该地区的摆件设定的。以这种方式进行小小世界游戏并没有什么错，因为任何形式的游戏都有利于儿童的成长和学习。我们鼓励儿童一起游戏和创作他们的第一个小小世界，以帮助儿童在焦点课程中尽情想象。然而，当儿童熟悉了小小世界时，你就可以把小小世界游戏区变成创客空间。为儿童提供更多的开放性材料和提示，帮助儿童想象和创作自己的小小世界及其居民。这就将大部分的思考和创作的机会归还给了儿童，他们可以调整想法和材料以创作自己想象中的场景。在此过程中，儿童可以利用他们在所有学科领域的学习来发展高质量的跨领域思维和 STREAM 创新能力。此外，"动觉学习者将有机会通过建构来思考，有语言障碍的儿童可以通过视觉表达来交流，他们开始把自己视为课堂集体中有贡献的成员，开始有话要说，拥有想法和想象力"（Smith，2012，p. 49）。

因此，我们将小小世界游戏定义为：创造一个生活场景，邀请儿童在这样的场景中探索感官材料。小小世界是从许多主题、形状、材料和展示中发展起来的，如果你或儿童能想象它，它就有可能被创作出来。创造小小世界的目的是让儿童表达来自他们想象中或现实生活中的想法，分享他们记忆中有关某个话题的熟悉的事实，或复述他们最喜欢的故事。通过创作三维的小小世界，"经验、事件、记忆及情感都可以被展示、分类和交流"（Smith，2012，p. 20）。让我们从一个使用常见的主要材料（如沙子）的小小世界创客空间开始，这将帮助你改造感官学习空间。

设计你的第一个小小世界创客空间

灵感与支持	• 带有不同栖息地图片的儿童图书；阅读并制作副本以获取灵感，在《欢迎回家，小熊：动物的栖息地》（*Welcome Home, Bear: A Book of Animal Habitats*，Il Sung Na）一书中可以阅读关于栖息地的介绍，或者使用关于风景的书籍或图片 • 创客空间中鼓励创作的指示牌（"你能想象用这些感官材料创作什么地方？"） • 有关探究"创作什么类型的栖息地"的焦点课程，用描述性语句着重阐述书中或图表中的示例（青草、寒雪）
主要材料	• 所有可以得到的感官材料，沙子、米粒和豆子都是很好的初始材料，儿童会把它们想象成自己正在探索的栖息地的地面
开放性材料	• 自然物，正如你将强调的户外栖息地，苔藓、拉菲草、木棍和岩石也是很好的初始材料
工具与附件	• 供儿童在探索和移动材料时使用的小铲子，为他们创作想象中的风景制作地面

在建立了第一个小小世界创客空间之后,请重新审视下面的材料连续体,以便你全年更新材料。当你过渡到新的游戏和创作方式时,可以以它为依据,从手工艺术开始过渡到使用机器人创造数字居民或使用高新技术(例如,增强现实技术)创造景观。

将感官区改造为小小世界创客空间

小小世界创客空间的游戏和创作连续体

手工艺术		高新技术
儿童选择摆件和一种主要材料(沙子、纸、毛毡布、装饰灯),根据他们想象中的栖息地、家园或景观,创造出小小世界。	儿童使用开放性材料并通过拆卸机械装置,重新利用零部件构建角色和/或小小世界,然后选择一种主要材料来设计他们想象中的栖息地、家园或景观。	儿童设计生物机械动物,给机器人编码,或给3D打印机编程,让居民与他们使用开放性材料创作的小小世界或数字世界进行互动。

小小世界创客空间中的 STREAM 学习

在小小世界创客空间中，游戏会加深学习与 STREAM 的联系。儿童利用他们有关栖息地、生物及其生存所需的科学知识来创作小小世界的细节，但是这只是儿童在创作自己的小小世界时与 STREAM 建立的最初始的联系。在小小世界创客空间中可以使用以下提示语，以确保不同内容领域学习方法和标准的联系。

促进创客运动与 STREAM 学习联系的提示语

科学	• 利用感官探索材料的形态和功能（"说一说这种材料的形态 / 声音 / 触感 / 气味。你如何使用材料创造一个栖息地 / 景观 / 场所？"）
技术	• 使用测量工具评估需要多少材料调整自己正在创造的景观（"用来测量这种材料的数量的最佳工具是什么？"）
读写	• 在描述儿童游戏的过程中发展他们的语言能力，使用他们触摸物体时受到启发的词汇（"你可以用哪些词语描述你正在创作的地方？"）
工程	• 设计模型表征真实或虚拟的地方（"你需要什么材料创造你的地方？为什么这里会成为人或动物生活的最佳场所？"）
艺术	• 通过触觉思考自己想为小小世界添加什么样的材质（"描述一下你想让小小世界看起来或感觉起来是什么样的，如凹凸不平、粗糙、光滑，你需要哪些材料创造你想象中的东西？"）
数学	• 测量覆盖容器底部所需的主要材料的数量（"你需要多少材料才能开始创作小小世界的地面？"）

想象一下，创设一个小小世界创客空间

创设小小世界创客空间的目标是为儿童提供发展创客身份的机会，最终使他们成为自己世界的发明者。当他们仔细观察

带有自然类开放性材料的小小世界创客空间：1. 灵感与支持（书籍、指示牌）；2. 主要材料（橡皮泥）；3. 开放性材料（天然石头、苔藓、花瓣）；4. 工具与附件（塑形模具）

艺术元素的纹理以选择能够展现想象中景观的材料时，他们也将成为艺术家。儿童口头分享自己想象和创作的地方，这也会提高他们的故事讲述能力。

灵感与支持

在规划小小世界创客空间时，我们首先要思考儿童在这个学习环境中的兴趣。他们住在美国大烟雾山国家公园的附近，他们当中的很多人曾到过这里。儿童最近在教室里发现了一本关于不同公园的书，于是他们开始问问题、研究不同的图片。由此，该创客空间吸引儿童根据这些生活在不同环境中的野生动物的图片,充分发挥想象力设计自己的公园或景观。由于这是儿童第一次创设小小世界,因此我们提醒他们一定要坚持自己的想法。我们增加了一本颇受儿童喜爱的有关森林生物的故事书,鼓励他们不断地调整材料,直到创作出自己想象的东西,发展成长型思维。你如果打算邀请儿童讲故事、书写现实生活中发生的事件或他们非常了解的话题,就可以在空间中投放一些照片、信息文本或海报。无论你的意图是什么,在小小世界创客空间中,你都要首先决定选择什么样的材料。

令人感兴趣的世界取决于角色的反复调整、儿童曾探访过的公园场景

主要材料

在大多数的小小世界创客空间中,景观推动着你对主要材料的选择。问问你自己:"基于我们的课程目标或儿童的兴趣,景观将会是什么样子?"例如,这个创客空间提供了绿色和棕色的橡皮泥,以匹配国家公园图像的颜色。我们在橡皮泥中添加了松树和云杉精油,帮助儿童想象生机勃勃的森林。

如果你正在探究北极,那么白色的碎纸、沙子①甚至冰都可能是你的主要材料。如果儿童对海洋或池塘生物感兴趣,那

---

① 英文为 cloud dough,由面粉和食用油按照一定比例搅拌而成。——译者注

么吸水珠、彩色水或沙子可能会成为他们所创作的小小世界的地面覆盖物。

以下是一些景观，可以帮助你想象可能的主要材料：

- 房屋
- 太空、月球表面
- 建筑工地
- 森林、林地、丛林
- 公园、后院
- 海底
- 海滩、湖泊、池塘
- 农场
- 城堡
- 火车站、机场

另一种选择是挑选一种主要材料并观察儿童的创造力。儿童总是会有意想不到的新主意，而材料可以激发他们想出想要分享的经历或想法。黑豆作为创作景观的一种主要材料，可以让人联想到太空的图像或最近在黑色的土地上做园艺的经历。当儿童探索和摆弄手中的材料时，他们可以想象一个充满可能性的宇宙。以下是一些建议在小小世界创客空间里使用的主要材料：

- 各种颜色的橡皮泥（添加精油或干花以增加感官体验）
- 沙子
- 染色的米粒
- 干豆（黑豆、豌豆、腰果、扁豆）
- 谷粒
- 动力沙或游戏沙
- 吸水珠
- 水或冰
- 黑板
- 光桌

- 纺织物、毛毡布或羊毛
- 泥土或草
- 种子或鸟食
- 小鹅卵石
- 欧不裂
- 碎纸

安全提示

在为小小世界创客空间选择材料时，请考虑到儿童可能有的任何过敏或不耐受的反应，以确保他们安全的创作体验。对于可能用嘴探索材料的儿童，还要考虑材料的大小，以避免窒息的危险。

一个儿童使用不同的绿色创作他想要的新景观的地面，他发现了棕色的橡皮泥，并将它塑造成一座火山

开放性材料

大多数小小世界的设计者此刻都会在空间中投放玩具动物或摆件。在大多数的学习领域中，摆件要么被用于游戏，要么被用作儿童学习特定动物群体或主题的教具。问问你自己："在这个空间生活的居民是谁？"如果你用塑料摆件进行鹰架，让儿童以更具体的方式游戏，那么我们建议将它们展示在"创意罐"中。这些罐子里装着各种各样的玩具动物、人和交通工具。如果儿童找不到符合他们想象的摆件，那么可以鼓励他们用开放性材料进行创作。

下面的居民列表可以成为在小小世界创客空间中采用开放性材料的起点。然而，儿童有着惊人的、富有创造力的头脑，他们会想象出如何使用你在长时间内分享的不同类别（玻璃类、自然类、纸张类、纺织类）的开放性材料进行创作。在前文游戏和创作连续体的尾端，儿童开始对3D打印机进行编程，创作他们想象中的动物，甚至开始构建机械动物以融入他们创作的小小世界并与之互动。

- 人物（儿童、成人、社区助手、英雄、坏人）
- 幻想人物（仙女、小矮人、龙、美人鱼）
- 动物（宠物、农场、动物园、鱼类、鸟类、爬行动物、昆虫、哺乳动物、史前生物）
- 交通运输（汽车、火车、飞机、船只、太空、建筑设备）

如果你的学习空间中还没有这些摆件，或者如果你希望儿童以更复杂和更抽象的方式表达他们的想法，请使用开放性材

自然类开放性材料有助于儿童创作有关景观及居民的细节

料！我们建议不要购买塑料玩具，而应选择特定类别的开放性材料，以匹配可能的居住景观和角色细节。例如，岩石和松果可以被当作林地生物。在这个创客空间中，我们提供了以下开放性材料，以匹配儿童创设的户外小小世界的整体感觉：

- 松果
- 鲜花
- 苔藓
- 树枝
- 河中岩石

工具与附件

添加工具可以提高儿童探究主要材料的能力，以发现材料是由什么制成的，以及它可以用来做什么。在这个创客空间中，我们提供了木质滚轮和原木片，为橡皮泥材料增加纹理。常被用于探索感官材料特性的工具包括：

- 铲子
- 钳子
- 漏斗
- 滴管

当儿童创作景观或居民时，他们经常需要将零碎部分固定在一起。此空间中常用的连接物包括：

- 橡皮泥
- 回形针
- 衣夹

木质滚轮和原木片印章为小小世界增添了纹理

> **布置与审美**
>
> 考虑一下，你可以将哪些容器添加到创客空间，给儿童提供个人或合作的创作机会。容器可以盛装用于表征小小世界地面的主要材料。思考创客空间中的儿童数量，以确定你需要一个大容器还是几个较小的容器。在这个创客空间中，几个儿童被邀请在一块大木片上进行创作。

一位创客在木片"容器"上将橡皮泥擀开，开始调整他可能创作的景观

他自豪地展示了自己创作的小小世界，它是森林里一位奶奶的家，是用树枝做成的

用于游戏和创作的空间

一天下午,一群3—9岁的儿童在缪斯·诺克斯维尔发现了一个新的快闪创客空间,这促使他们想象用干豆子和纺织类开放性材料创作一个景观或家园。当儿童慢慢走进这个空间时,我们与他们分享了《空中之屋》(A House in the Sky, Steve Jenkins)一书中的几页内容。里面的插图和文字可以为他们创作多种类型的房屋带来强大的创作灵感。"如何创作小小世界"的锚图在整个创作过程中支持儿童进行思考,这促使他们思考各种可能性,然后开始从两种干豆子(裂开的豌豆和黑豆)中进行选择,并调整透明植物托盘里的主要材料。每个儿童都可以将他们创作的小小世界作品带回家。

在小小世界创客空间,儿童被提示思考他们想创作什么样的家园,然后选择用干豆子代表地面

提供中性色调和冷色调的纺织类开放性材料,让儿童想象一个充满各种可能的世界

伊莱贾查看了所有材料,最终选择了闪光胶,并测试它在小小世界里会产生什么样的效果

儿童得到了两种不同色调的纺织类开放性材料,这样他们在创作家园时就不会感到受限。中性色调的纺织类开放性材料可以代表岩石、泥浆,甚至月球景观,而受《动物的颜色真鲜艳》①(Living Color, Steve Jenkins)一书的启发,冷色调的材料可以用来添加草、水、海洋或陆地生物的细节。

3岁的伊莱贾是最早进入小小世界创客空间的儿童之一。他立刻被豌豆吸引了,并用它们创作了家园的地面。然而,他并不确定自己想做什么。他多次查看所有的创作材料,决定测验一下蓝色闪光胶在托盘中会呈现什么样子。

在这个时候,伊莱贾的妈妈问他是否想做一只青蛙,因为他刚刚像是做了一个池塘。他的眼睛一亮,说:"不,我要创作一头奶牛。"伊莱贾想到了他想要创造的小小世界,并表达了他所设想要创作的生物类型。他选好了棉球,把它们粘在一起,然后小心地把黑豆粘在它的上面,做成奶牛的斑点。"我需要在奶牛身上多加几个斑点。"他微笑着举起已经做好的奶牛,把它放在了小小世界里。我问他是否

---

① 该书的简体中文版已由北京少年儿童出版社于2018年出版。——译者注

可以分享他做的东西。"这是我的奶牛。他需要水。他看起来很生气。"我问:"为什么他看起来很生气?"我知道这将让伊莱贾带来一个想要分享的故事。伊莱贾笑着说:"因为他全身都是泥!"这激发了他新的想法,他又使用开放性材料,选择将棕色的羊毛重新用作泥巴,以丰富他的小小世界。

伊莱贾表达了他想要创作奶牛的意图,然后重新调整羊毛材料,并将它作为奶牛身上的"泥巴"来丰富他的小小世界

3岁的阿纳金探索了所有材料,然后用草为他的"巨怪"创造了一个家

7岁的梅肯齐仔细地寻找各种资源以创作想象中的海洋生物,她测量着每一根纱线,准备为章鱼做手臂

6岁的萨安维坚持将丝带剪断,然后卷起袖子继续工作,最后,她创作了一个美丽的森林世界,里面有一个池塘和一棵直立的树

尽管每个儿童都可以在这个创客空间使用相同的材料,但他们想象着创作不同的小小世界。

小小世界创客空间的学习记录

引导创客思维发展的学习实践	学习实践中的可观察指标
质疑	伊莱贾对豌豆感到很好奇,他选择用这种材料进行游戏和创作。 所有儿童都仔细地探索了开放性材料,决定给他们的小小世界添加些什么。
修补	伊莱贾冒险尝试在他的景观中添加蓝色闪光胶,这一举动为他带来了为奶牛提供水源的灵感。 所有儿童都在探索和摆弄这些材料,他们用手指撒豆子,然后再用手把豆子摊开。
寻求与共享资源	伊莱贾通过在小小世界中添加水这一细节分享他知道的所有关于奶牛的信息,并解释这些信息。 所有儿童都使用了锚图和图书,这表明他们渴望学习如何创作小小世界。
改进与重新调整	伊莱贾又回到开放性材料中,寻找一种材料来着重展现他所分享故事中的泥巴这一细节。 一些儿童裁剪开放性材料以改变它们的大小和形状,让它们尽可能以最好的形式表征小小世界中的细节。
表达意图	伊莱贾说他需要为小小世界创作一头奶牛。 所有儿童在花时间调整材料之后,都解释了他们正在创作的东西。
熟练	伊莱贾对自己创作的东西充满信心,并学会了如何用材料创造小小世界。 一些儿童发现,他们需要一把更锋利的剪刀来改变材料。
从简单到复杂	伊莱贾将这些材料整合起来表征奶牛所需要的绿草和水。 所有儿童结合使用不同的材料,在小小世界中创造出有意义的新东西。

让更多的小小世界创客空间激发创作灵感

小小世界创客空间的可能性是无穷无尽的。教师要在全年中为儿童提供各种体验，让他们了解不同材料和工具在不同情况下是如何发挥作用的。一开始，你可能会不知所措，但不要担心！可以从儿童的兴趣、课程主题或一本启发灵感的好书开始。这里有一些小小世界创客空间的示例，在你创造有意义的游戏和创作体验时，它们可以带给你灵感；儿童可以在这里根据他们的想象创造小小世界或展现他们对生命科学的认知。

带有金属类开放性材料的沙景

在探索蓝色沙子时，一个儿童说它看起来像大海，并选择了一张图片以展示他所想象的东西

带有玻璃类开放性材料的动态沙景

一个儿童把玻璃类开放性材料舀到表征水的沙子里，他想象着这是"海盗的宝藏"

在美国田纳西州诺克斯维尔的缪斯购物中心,一个变色光桌被改造成具有启发性、支持性和带有半透明塑料类开放性材料的小小世界创客空间

一个蹒跚学步的儿童正在琢磨着如何使用玻璃纸创作新的颜色,而他的妈妈通过询问他"蓝色方块是否可以作为池塘、湖泊或河流"来鹰架他的学习;儿童通过探索塑料类材料研究如何改变其颜色以想象新的景观

带有金属类开放性材料的纸屑景观

儿童通过选用棕色纸屑和具有启发性的图片来表征他们创作蝙蝠洞的想法

带有纸张和可回收的开放性材料的水景观

当儿童摆弄颜色表时,一个关于"彩虹海洋"的故事出现了,儿童通过书写的方式分享这个故事

机械动物扩展了儿童在创客运动中利用材料和工具创作居民的知识,这只由教师和一个孩子共同创造的机械兔子使他们有了一个新的想法,即为兔子创造一个可居住的小小世界

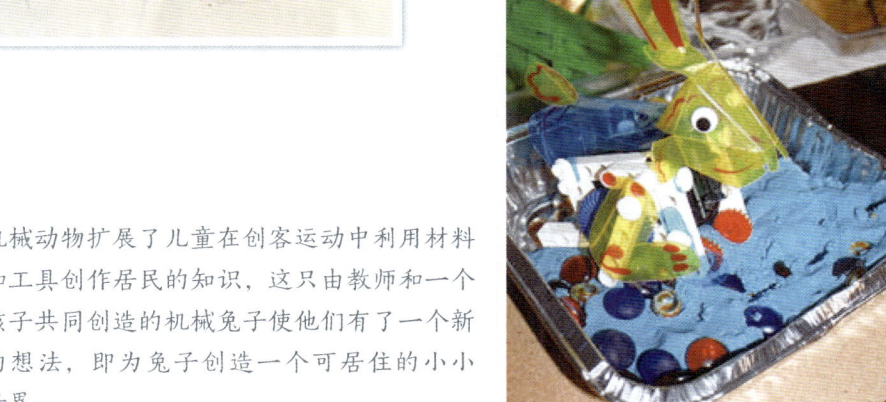

儿童探索沙子的移动和塑造，以发现如何使用 iSandBOX① 的增强现实技术来创设和改变景观

做标记：展示更强的创造力；9 岁的卡姆登在使用材料创作一个反映他的家庭和他最喜欢的人的小小世界时展现了创造能力

分享我们的想法

如果你想将儿童引领到小小世界创客空间，这里有一个我

---

① 一种互动式儿童教育和发展工具，结合创造性、想象力、寓教于乐和知识主题，包括一个包含 18 种不同场景的软件包，每个场景都侧重于促进儿童理解特定领域的知识，此外，每个场景都有助于提高儿童的实际动手技能、创造力、想象力、专注力等需要挖掘的潜力，支持儿童健康发展、习得学校基础学科的基础知识以及感知美。——译者注

们曾经对 18 个儿童进行教学的计划示例。这是他们第一次在小小世界创客空间里调整创作思路，这个教学计划展示了他们如何使用这些材料开始游戏。我们先用一本书启发儿童，然后让他们使用自然类开放性材料创造一个地方。请考虑儿童的兴趣和需求并不断创新，为你的学习环境提供最好的课程。

小小世界创客空间的焦点课程

目的：儿童将通过探索新的自然材料了解可以创造哪些地方。

材料

- 图书《疯狂创意：让自然激发你的思考》(*Wild Ideas: Let Nature Inspire Your Thinking*，Elin Kelsey)
- 主要材料或地面材料（沙子、橡皮泥、米粒和豆子、吸水珠）
- 开放性材料（自然类、玻璃类、塑料类、纺织物、纸张类、金属类）
- 记号笔
- 写有"你想象中的地方"标题的白纸
- 用于记录的照相机

聚焦和探索

导入："你们一直在使用教室里的材料，发挥想象力创作了许多作品。现在，我想向大家介绍一个非常令人兴奋的新创客空间，你们可以在那里游戏和创作，它叫作'小小世界创客空间'。今天，我们要探究，通过探索新的自然材料，可以创作哪些地方。"

教学：向儿童解释，当他们想象一个小小世界时，需要考虑两件事：地面是什么样子的？谁居住在那里？然后，在新创客空间里展示主要材料。"这是我们今天想象和创作小小世界需要用到的新材料。大家仔细看看这些材料。"把这些材料传给每个儿童，或者给儿童每人一小包材料，让他们用感官探索这些材料。"当你们观察并触摸这些材料时，你们会想象哪些地方？"列出他们的想法并附上提示图片，以帮助儿童在游戏时想象各种可能性。"让我们看看这本书里的插图，它们可以帮助我们发现更多用材料进行创作的地方。看看里面的图片。在书中，插画家使用了不同的材料创作这个地方。他究竟创造了什么地方？"写下儿童的想法，继续浏览其他页面，为他们创作小小世界提供更多的想法。

列出儿童的想法，依此决定大家一起创作的景观（沙漠、院子、游乐场），并展示如何在儿童将用来游戏和创作的主要容器中舀取、抚平和固定材料。接下来，展示开放性材料并询问："对于小小世界，我们可以想象用它做什么？"让儿童分享想法，并围绕一个想法达成一致的意见。教师演示如何使用附件将物品附着在材料上。

积极参与：让儿童看着这些材料，然后询问"你们想要创作什么样的小小世界"或者"你能用这些材料为谁建造一个家"。鼓励他们看看清单上列出的地方，帮助他们想象，但要向他们保证，如果他们想要先出去自行探索也没关系。给儿童提供思考的时间，然后让他们大声分享自己的想法或和同伴一起相互交流想法。"所以，今天你们将通过想象使用这些材料的新方法来探索和创造一个地方（小小世界）。"

想象

让儿童停下来想一想今天要探索什么材料。询问儿童："你们能想象今天将用材料创作什么吗？"追踪儿童游戏中的模式，在"班级一览记录表"（见附录C）中记录他们的创作想法以及他们选择的创客空间。

儿童正在以沙子为主要材料的小小世界创客空间里游戏，其中右边的儿童表演并讲述了一个发生在大海中的生动十足的鲨鱼故事；左边的儿童用海玻璃做了一个小镇，这个地方后来被添加到锚图上。

游戏和创作

当儿童创作的时候，我们可以通过着重阐述所观察到的行为，使用"学习实践记录表"（见附录B）来记录儿童的学习实践。记录儿童说了什么、做了什么。例如，当儿童选择他们想要探索和创作的材料时，要特别注意他们是如何表达自己的兴趣的。儿童如果告诉你或其他儿童自己想要创作什么，他们就是在表达意图。在儿童创作的过程中，观察他们如何使用简单的材料创作小小世界，这将展示他们从简单到复杂的行为。

分享

选择一个使用创客空间中的材料表征自己创作的小小世界里的景观或居民的儿童，邀请他做创客演讲，发展他分享和合作的创客思维。由于所有儿童都可能想分享自己的创作，因此可以让他们转过身和同伴相互交流，这样每个儿童都有机会在当天让他人倾听自己的想法。

激发创客创作小小世界的推荐书籍

在小小世界创客空间中，我们使用儿童图书来展示各种各样的栖息地、环境和生物，让儿童想象如何将这些细节添加到自己创作的世界里。我们在这一创客空间中使用过的书籍如下。

- 《家》[1]（*Home*，Carson Ellis）
- 《你不知道的秘密》[2]（*Lovely Beasts: The Surprising Truth*，Kate Gardner）
- 《神奇的地上地下》[3]（*Above and Below*，Patricia Hegarty）
- 《空中之屋》
- 《疯狂创意：让自然激发你的思考》
- 《建造家园：不可思议的动物建筑师们的小故事》（*We Build Our Homes: Small Stories of Incredible Animal Architects*，Laura Knowles）

---

[1] 该书的简体中文版已由新星出版社于 2016 年出版。——译者注
[2] 该书的简体中文版已由江苏凤凰少年儿童出版社于 2019 年出版。——译者注
[3] 该书的简体中文版已由河北美术出版社于 2021 年出版。——译者注

- 《皮毛、羽毛、鳍——我们都是亲戚》（*Fur, Feather, Fin—All of Us Are Kin*，Diane Lang）
- 《池塘上，池塘下》①（*Over and Under the Pond*，Kate Messner）
- 《欢迎回家，小熊：动物的栖息地》

空间改造的下一步

将小小世界游戏区或感官区改造为小小世界创客空间，可以让儿童成为思考者和发明家，去思考这个小小世界会是什么样子，谁会居住在他们创造的房子或栖息地里。他们将用材料调整和验证自己的想法，在你展示的书籍和图像中寻找资源以获得灵感，并重新调整这些材料以匹配他们想象中的小小世界。当你可以轻松地记录儿童在创客运动中的学习实践时，请停下来思考他们是如何成长为小小世界的创客的。例如，当儿童开始使用材料创作由简单变得复杂的栖息地时，他们正在将STREAM创新策略应用于挑战。当他们想象着要创作一个家园或栖息地时，他们会利用自己从科学或社会领域探索中获得的知识来创作这些地方，并发展这些方面的创客思维。花点时间与你的同事进行一次创客谈话，反思儿童是如何发展创客思维的，并合作完成小小世界创客空间的下一步改造工作。

- 当儿童在小小世界创客空间中进行游戏和创作时，你观察到哪些学习实践？这些行为与创客思维有何联系？

---

① 该书的简体中文版已由郑州大学出版社于 2018 年出版。——译者注

- 询问儿童："你与其他研究主题有什么联系？这种联系是如何帮助你成为小小世界的创作者的？"反思一下，这与你的 STREAM 学习目标有何联系。
- 你可以将哪些主题或调查研究与小小世界创客空间联系起来？你会选用哪些主要材料来支持儿童创作或解释他们所了解的地方？

第 8 章

纤维艺术创客空间

收集纤维用来缠绕、缝纫或编织，
是时候卷起袖子整理打结的纱线了。
重回之前的步骤，制订新的计划，
我上下不停地穿针引线，我的双手就是我的工具。
美丽的作品逐渐呈现，我要再次使用这些线。
将它们缝合在一起，这可能就是我的专长！

故事激发创作

4—8 岁的孩子们在快闪创客空间里探索可塑纤维的质地和创作可能性。柔软的绿色纱线球和黄褐色纱线球展示了自然界的柔和色调，其他纤维随着展开不断呈现出逐渐变化的色彩，儿童在《穿毛衣的小镇》(*Extra Yarn*，Mac Barnett)一书中看到了这些变化，同时这本书也能在这个空间内提供灵感。与此形成对比的，是一堆坚硬又粗糙的木棍。它们让儿童想象如何将这两种不同的材料结合起来，并通过缠绕做出美丽或有趣的东西。材料吸引着儿童，邀请他们采取行动并交流想法（Kind，2014）。

一个 4 岁的男孩开始了他与材料的第一次互动，他说："我想知道这是什么,我也想编一下。"他一手拿着木棍,一手拿着毛线球变换手势,展现他对书中人物编织的记忆。他知道自己可以用这种材料制作东西,而且用纱线制作的物品必须首先由某人设计,这是儿童成长为富有创造力的纤维艺术家、编织者和缝纫者的第一个强大概念。另一个儿童则选择了一种纱线,想用它进行实验。他开始把纱线越来越快地缠绕在木棍上,并非常自豪地说道:"我是一个织网人!看看我织出的网!"然后他跑到教室的另一个空间里,与朋友们分享他的作品。

几分钟后,这个儿童又回来了,他想创作一些其他的东西。他从一堆材料中选择了另一根木棍,这次他放

在缠绕创客空间中介绍纤维艺术

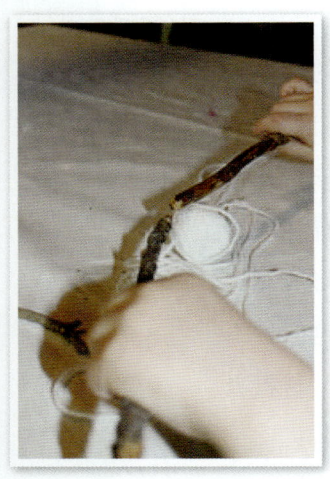 

一个儿童展示着他有关编织的记忆,同时另一个儿童想象着成为一名织网小创客

慢了缠绕的动作。随着他对纱线的特性和功能越来越熟悉，他很兴奋地看着这些材料不断地缠绕。然后，他选择了另一种颜色的纱线并说道："我正在创作彩虹棒。"

越来越多不同性别和年龄的儿童来到这个创客空间，他们的实验继续进行。另一个儿童用不同深浅的绿色纱线慢慢地缠绕树枝，然后用绒球作为"松果"来增加细节。还有一个8岁的儿童表示，她想要创作"上帝之眼"，然后将她的作品展示在空间内以获取更多的灵感。她要求提供更多的纱线，并选择了她在以前的活动中使用过的工艺棒。她不停地编织，直到活动时间即将结束时，她要了一张纸。我们

儿童通过不断探索纱线的特性来创作"彩虹棒"

这个8岁的儿童正在探索用纱线创作"上帝之眼"，当她收集所有的作品，并将这些作品放入她最后的艺术作品中时，表达了想要创作风筝的愿望

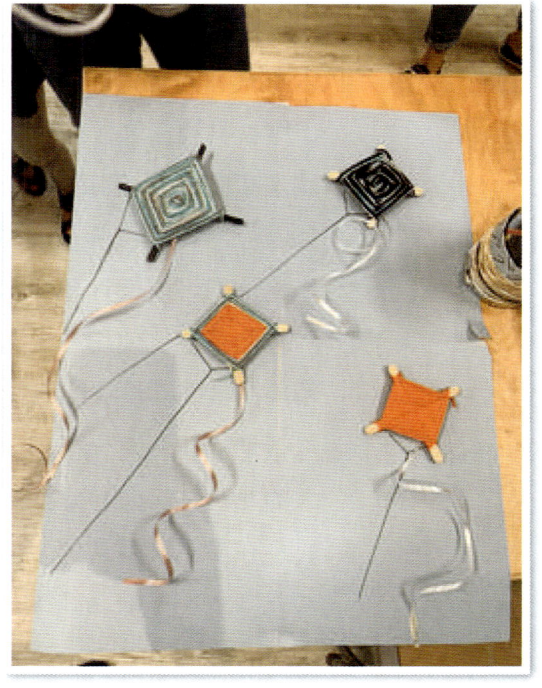

将纸提供给她，但我们很好奇，询问她打算如何在设计中使用这些纸。在将纱线缠绕和编织在树枝上的整个过程中，她的想法已经转变为创作一只风筝，然后将她的作品放在画布上，骄傲地悬挂起来并进行展示。

当儿童使用不同类型的纤维进行创作时，开始可能会比较缓慢并且出现很多纱线打结的情况，但这不是更好吗？给儿童时间用这种材料进行试验，并指导他们学习创作各种纤维艺术的基本方法，儿童将迅速掌握！

为什么接下来向儿童介绍纤维艺术创客空间

我们将纤维艺术定义为用各种纤维进行创作的艺术形式，如纱线、绳子、羊毛和布料。纤维艺术是我们深入研究的最后一类创客空间材料和工具，研究如何将这些材料和生活技能融入正式和非正式的学习空间中。当儿童在创作中采用更常见的二维材料和三维材料并结合使用艺术元素（颜色、线条、形状、纹理和设计），然后选择部件设计自己的三维小小世界后，他们就已经准备好将所有这些知识编织在一起，然后用纤维进行创作。他们可以设计风景和人物，同时学习更复杂的编织、刺绣和缝制技能。使用纤维艺术中的材料和工具进行创作，需要更精准的精细动作技能，我们将在本章介绍纤维艺术材料连续体，以帮助你向儿童介绍基础知识，并随着时间的推移或与年龄较大的儿童一起进行更加复杂的创作。

在参观许多初中、高中和成人的创客空间后，我们意识到幼儿园教室里缺乏纤维艺术。事实上，我们观察到在四五岁儿童所在的班级中，只有在教师引入一个特定的项目活动，并且儿童都创作相同的产品时，教师才会提供这些材料。发展精细动作技能是衡量课堂质量的一项重要标准，这也让我们看到了系带板的作用。虽然系带是儿童缝纫技能的基础，但板子所呈现出的特定的想象世界或人物通常由制造商预先决定。

纤维艺术在诸多方面有益于促进儿童社会性 – 情感发展，比如帮助儿童放慢脚步，放松心情，并集中注意力。科学家们也发现，当我们从事维持生命的特定活动时，比如制作衣服，我们的身体就会释放多巴胺和血清素，这些是使我们感到快乐的化学物质（Blum & Newman，2017）。当儿童练习基本的编织和缝纫技能时，他们不仅可以创作有用的东西，还可以让它们表征自己的故事、想法和思维。因此，我们知道，这是游戏和 STEAM 学习区域中一个重要的创客空间，它让所有儿童都有机会研究和探索纤维艺术。

将系带区或纤维项目区改造为纤维艺术创客空间

我们观察到，儿童一开始会参与系带活动，但当他们专注于手部的上下运动时，他们并没有发挥自己的想象力。儿童从缠绕开始，然后切割结构或形状，并在他们想穿线的地方打孔，强化修补、改进和重新调整纤维的能力，因此这是我们改造空间的第一步。当向儿童介绍这种多样化的新材料时，可以从简单的开放性材料开始，了解他们的兴趣、能力和有关纤维的已有知识经验。下面的创客空间设计示例将激励你开始第一次改造，并带领儿童走进纤维艺术。

设计你的第一个纤维艺术创客空间

灵感与支持	• 展示人物与纤维互动的儿童图书；阅读并提供副本以激发儿童的灵感，例如，《穿毛衣的小镇》一书展示了纱线的纹理和颜色是如何让普通的东西变得美丽的 • 创客空间中鼓励缠绕和/或编织的指示牌（"你能想象用这些纤维艺术材料创作什么？"）
主要材料	• 不同质地和粗细的纱线 • 用纸张代表鞋带进行系带
开放性材料	• 供儿童进行缠绕的木棍或树枝 • 如果你想让儿童装饰他们的作品，请给他们提供有大孔洞的大珠子 • 如果你想从系带开始，那么请为儿童提供纸张和水彩颜料，让他们创作和装饰自己的系带板
工具与附件	• 剪刀 • 用来穿珠子并把它们系在木棍或树枝上的绳子 • 帮助儿童穿孔系带用的打孔机

将系带区改造为纤维艺术创客空间

在给儿童时间探索纤维材料之后，使用工具连续体支持纤维艺术创客空间的下一步创设。纤维艺术具有无限的可能性，现在让我们探索四个纤维艺术类别，然后对每个类别进行反思，以此确定它们在创客材料和工具连续体中的位置。

我们推荐的第一个类别是纤维探索。这个创客空间让儿童摆弄各种纤维类的主要材料，学习基本方法。就像前文的导入故事一样，我们喜欢从缠绕开始。儿童会思考颜色和图案，但他们真正关注的是所使用纤维的特性。此类别中的其他方法包括手工针织和纤维交织。

詹森用纱线缠绕一根树枝，并向大家分享了他创作的作品《日落》

下一个类别是编织。编织是指使用两套细线、纱线或其他材料制作布料。所有的编织活动都使用相同的基本动作。我们建议从编织纸开始，因为这是一种简单而廉价的方式，可以向儿童介绍编织过程中上下左右穿线的方法。儿童一旦掌握了这个方法，就可以继续用不同颜色、图案的纤维以及更多的开放性材料进行编织。

接下来，我们将穿线、系带、缝合和刺绣结合成一个类别，这意味着儿童的缝线技能会随着时间的推移持续发展。例如，穿线创客空间通过让儿童将开放性材料穿到主要材料（如毛根和线）上来培养儿童的精细动作技能和穿线的概念。儿童继续在系带过程中发展精细动作技能，进而学习基本的手工缝纫技能。我们没有使用购买的系带板，而是创设了系带创客空间，让儿童在里面创作自己想要的形状，自己决定在哪里打孔，

然后用纤维材料在边缘处进行缝合。之后，缝合创客空间介绍如何使用针、线或纱线装饰艺术作品及其材料。最后，刺绣活动可以让儿童探索缝纫和装饰。

我们的最后一个类别是缝纫。缝纫是指用针和线将两块布料连起来。我们观察到的第一批缝制创客空间活动之一是儿童与教师一起缝制针垫。他们学习打结、穿针引线的基本知识，并在整个小规模的项目中解决困难。他们想要创作有意义的作品，针垫因此成为他们每次缝纫时使用的工具。

一个儿童用纱线和编织板进行编织

儿童正在探索基本的针法，打算创作一个关于她自己的角色

儿童通过体验穿线形成穿针引线的概念

儿童利用缝纫知识，用针和线将两块织物连接起来

纤维艺术创客空间的游戏和创作连续体

手工艺术

←——————————————————————————————→

高新技术

儿童体验用纤维材料工作，通过缠绕来理解材料的纹理和功能。	儿童通过用纸编织，发展了"上""下"活动的概念。		儿童用纤维材料进行编织，并在编织过程中添加一些开放性材料。	儿童使用带有LED的纤维和导电线进行编织。
	儿童通过穿线活动发展精细动作，接触缝纫工具。	儿童通过系带活动发展精细动作技能，了解基本的手工缝纫技能的概念。	儿童用针和线/纱进行缝合或通过缝合和刺绣来装饰艺术作品。	儿童使用导电线、电池组和发光二极管编织电路。
			儿童用针和线把两块布缝起来。	

纤维艺术创客空间中的 STREAM 学习

当儿童投入纤维艺术创客空间的活动中时，他们会体验到有效的 STREAM 学习，这些学习在生活中可以被转移到其他学科。在你的纤维艺术创客空间中使用以下提示语，以确保儿童跨领域学习中的联系。

促进创客运动与 STREAM 学习联系的提示语

科学	• 通过探究每种纤维的特性并研究将材料转变为艺术的方法，将科学知识融入其中（"你如何改变这种材料来创作你想象的东西？"）
技术	• 熟练使用工具和缝纫针（"你如何使用这个工具来实现你想要的针法或图案"）
读写	• 口头分享/写下儿童创作的故事或者他们在整个制作过程中了解到的信息，就像几个世纪以来有关织工和纺工的民间故事一样（"关于创作这种艺术的人，你可以分享什么故事？""在用纤维进行创作时，你能想象到什么故事？"）
工程	• 解决儿童作为工程师所面临的问题，并在他们出现缝纫错误或线打结时帮其排除障碍（"你可以采用什么办法来改进你的设计？"）

（续表）

艺术	• 蕴含意义、图案和想象力的设计艺术，让儿童放飞想象（"你在自己的作品中展现了哪些形状和设计？"）
数学	• 用纤维材料创作图案："数学很重要，因为你将测量长度，制作奇偶排列模式，使用几何形状，并考虑数量，例如，更多、更少和相等（Carlson, 2016, p. v）"（"你能用这些材料创作什么图案？"）

想象一下，创设一个纤维艺术创客空间

创设纤维艺术创客空间的最初目的是增强创客对纺织材料的好奇心和他们使用这些材料的熟悉程度。随着时间的推移，其目的逐渐转变为增长特定的技能，例如，记录编织动作，以扩展儿童作为编织者的身份。当儿童接触编织板时，他们需要放慢速度并运用自己有关编织动作的知识。下面这个创客空间的意图是让儿童体验用不同质地和粗细的纱线进行编织。儿童在选择纱线类型和装饰物以融入艺术设计时，体现了他们对材料的理解。

带有玻璃类开放性材料的编织创客空间：1. 灵感与支持（指示牌、书籍）；2. 主要材料（羊毛纱线）；3. 开放性材料（玻璃珠）；4. 工具与附件（编织板、针）

灵感与支持

放学后的一个下午，从幼儿园到五年级的儿童被邀请参观田纳西州克林顿公共图书馆的纤维艺术创客空间。儿童的年龄跨度很大，所以我们提供的编织活动对低年级的儿童来说没有太大挑战性，并支持他们的手部上下活动，同时对高年级的儿童来说仍然有吸引力。我们在纱线的颜色上提供了很多选择，也提供了多种形状的编织板供他们创作。当儿童进入创客空间时，我们聚集在地毯上大声朗读，从《嗨哟，嗨哟，小蜘蛛织大网》[①]（*Walter's Wonderful Web*，Tim Hopgood）一书中寻找灵感。这是向儿童介绍的第一本关于形状的书，它展现了主人公的成长型思维，因为主人公每次在网不足以抵御强风时都会坚持不懈地尝试新的编织方法。沃尔特编织了不同形状的网，这给儿童带来了完美的灵感，让他们开始想象自己想要编织什么形状的网，以及在这个游戏和创作过程中，他们可以和其他人分享什么想法。我们展示了指导性问题锚图来激发他们的创作，并询问儿童："你们想象用这些编织材料创作什么？"课后，儿童走进创客空间，开始探索纤维类的主要材料。

主 要 材 料

纤维是纤维艺术创客空间的主要成分，它就像面粉对于面包师或土壤对于园丁一样重要。仔细思考你想让儿童探索的纤维类型，以及它是否适合被用于缠绕、编织、穿线、系带、缝合、刺绣或缝纫。在这个创客空间中，我们提供了粗的羊毛纱

[①] 该书的简体中文版已由二十一世纪出版社于 2018 年出版。——译者注

线和纯色腈纶纱线,以了解参加创客空间的儿童不同的精细动作能力。最终呈现作品的质地将决定你选择何种纤维。例如,问问自己,你是否希望自己的作品光滑、柔软、有光泽或温暖,这将决定你应该选择的纤维类型。

我们使用的常见纤维材料包括:

- 不同纹理、粗细和颜色的纱线
- 松捻绣花丝线,推荐用于缝合、刺绣和缝纫创客空间,因为它有多种颜色,如果你需要更细的纤维进行缝纫,它就可以很容易地被拆开(Blum & Newman,2017)
- 细绳
- 黄麻纤维
- 细线
- 合股线
- 纺织边角料(棉布、毛毡布和羊毛织物在儿童使用时不会被磨损)
- 粗麻布(我们在刺绣创客空间中最喜欢使用的布料,因为它便宜而且有很大的孔,能够让小创客们使用大而钝的针容易地穿进)

> **为年幼的创客做出调整**
>
> 我们建议年幼的儿童使用毛根或粗纱线,这样他们的小手就会更容易地抓住纤维。这让他们在练习技能的同时避免精细动作技能带来的挫败感。

开放性材料

当儿童准备好装饰他们的作品时,开放性材料便会被投放在纤维艺术创客空间中。在编织时,我们提供了各种各样的物品供儿童编织他们的创意作品,包括:

- 玻璃珠
- 绒球
- 小珠子
- 丝带
- 碎布
- 自然物

在穿线时，这些开放性材料可以帮助儿童练习他们的精细动作技能：

- 塑料和木质的珠子
- 自然类的开放性材料（树叶、花瓣）

在通过缝纫进行装饰时，可以采用以下材料：

- 纽扣
- 亮片
- 小珠子

儿童用玻璃珠类开放性材料装饰他们的编织物

工具与附件

每个纤维艺术创客空间都需要特定的工具用于创作。对于穿线、系带、缝合、刺绣和缝纫创客空间，你将需要：

- 大眼针（可以从塑料针开始，然后逐渐向更锋利的金属针过渡）

> **安 全 提 示**
>
> 如果你正在使用金属针并且害怕弄丢这些尖锐的工具，那就准备一根磁铁棒，在活动快结束时，帮助儿童把它们吸起来。

- 充当临时胶水的别针
- 针垫
- 穿针器

在编织时，首选工具是编织板。你可以制作或购买木质和纸板的编织板，甚至可以用树枝或工艺棒制作编织板。我们建议提供以下物品：

- 编织板
- 布艺剪刀
- 胶带（把绳子粘在编织板的背面）

当纤维被用来连接装饰品时，它们就会变成工具。因此，以下是常见的连接物：

- 绳子
- 松捻绣花丝线
- 纱线
- 金属丝
- 胶水
- 布料胶
- 热熔胶

布置与审美

《儿童针线实验室》（*Stitch and String Lab for Kids*，2019）的作者凯茜·斯蒂芬斯（Cassie Stephens）建议成人和儿童一起制作缝纫工具包，包括一个针垫和一本关于针线的缝纫书。她还建议制作一个不分性别的工具盒，以鼓励那些积极性不高的儿童。

用于游戏和创作的空间

一天早上，我们参加了劳丽·凯（Laurie Kay）的缝纫创客空间活动，这是一个由4—7岁儿童组成的家庭–学校合作班级。她选择将怪物作为儿童创作的灵感，因为怪物是中性的，而且有无限的形状、大小、颜色和质地。她的创客空间的目的不仅是让儿童学习缝纫技能，也让他们发展社会性–情感技能，因为儿童会思考他们喜欢自己什么，并将这些元素缝进他们创作的角色中。

劳丽创设这个创客空间，在每张桌子的中间摆放一篮子颜色和图案各异的羊毛方块、几捆颜色鲜艳的细线、一碗彩色的

在缝纫创客空间中，儿童学习缝制他们想象的角色

眼睛玩具、纽扣,以及一个装有布艺剪刀、穿针器和铅笔的杯子。每个儿童都有自己的袋子或缝纫工具包,里面有针线和他们做的针垫、他们在上一堂课选择的布料、他们的喜好信息,以及他们目前正在做的项目和样图。6岁的特拉克斯顿仔细地观察了一堆不同颜色的眼睛玩具,并选择其中两个放在他的角色上。他多次尝试将眼睛按在厚厚的绒毛纤维上,但他需要更多的支持,所以向劳丽寻求帮助。

特拉克斯顿想要更多资源,以学习如何给他的角色配上眼睛

特拉克斯顿为他刚刚学到的东西感到自豪,我们觉得他在庆祝,因为他将自己创作的怪物搬来搬去,在空中高高荡起,并展现了其他动作。我们问他是否可以分享他正在做的事情,他笑着解释说:"我的怪物可以劈叉或倒立行走,或跳过许多东西。"就在这时,他表示想给怪物起名为"斯普利特",他现在需要一个橙色的嘴巴。特拉克斯顿采用他所知道的用剪刀剪布的方法剪出他想象中的嘴巴。

然后,特拉克斯顿停下来思考下一步应该怎么做。他专注于思考如何用他学过的针法缝合嘴巴。在这样做的过程中,他表现出了对工具的熟练使用并花时间在接下来的步骤中探寻和询问自己问题,所有这些都是创客运动的学习实践。

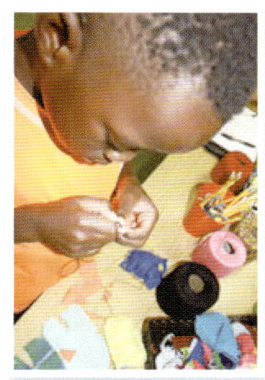

特拉克斯顿设计了一张嘴巴,并探索如何将它连接到他的怪物身上

特拉克斯顿用针线把嘴巴缝到他的怪物身上

时间过得很快,每个儿童都为自己当天完成的作品感到骄傲。他们把自己的作品收集起来,互相展示,然后收拾好自己的缝纫工具包,等待第二天的到来。怪物斯普利特仍然需要一张橙色嘴巴,但通过快速回顾附件和缝合方法,特拉克斯顿很快就做出一个带有他喜欢的特点(俏皮、怕痒和聪明)的角色。

儿童在离开之前分享和庆祝他们创作的作品

纤维艺术创客空间的学习记录

引导创客思维发展的学习实践	学习实践中的可观察指标
质疑	特拉克斯顿仔细观察了所有的眼睛玩具,以探索哪一个最适合他的怪物。
修补	特拉克斯顿冒险尝试了多种方法将眼睛按进厚厚的材料中。
寻求与共享资源	特拉克斯顿意识到自己需要更多的支持,于是耐心地等待劳丽,这样他就可以观看她的做法,然后自己学习方法。
改进与重新调整	特拉克斯顿返回到材料区域,选择用橙色的材料制作嘴巴,然后用布艺剪刀剪出他想象中的形状。
表达意图	特拉克斯顿为他的怪物起了名字并解释了它的外观长相。
熟练	特拉克斯顿通过穿针展现了他的缝纫能力有所提高。
从简单到复杂	特拉克斯顿通过仔细思考下一步和连接物来为他新创作的怪物制作脸,展示了他对缝纫方法的理解。

为有特殊需要的创客做出调整

对儿童来说,在使用更锋利的缝纫工具之前使用带有圆头的大眼粗针是培养他们熟练使用工具的安全方法。这种针可以防止儿童受伤并让儿童开始了解将两块材料连接在一起所需的动作(例如,把两个带孔的纸盘缝在一起)。和儿童一起轮流穿线,让他们为完成任务而感到自豪,同时也提供一些物理支持。

让更多的纤维艺术创客空间激发创作灵感

在本章中,我们提出了纤维艺术的四个不同类别,并在每个类别中推荐了相应的发展过程。下面是一些可以帮助你想象更多可能性的示例。在整个一年中,当儿童对每个空间的纤维、工具和其他材料的使用更加熟练时,你可以回到这个部分来获得更多的灵感。

第 8 章　纤维艺术创客空间　　197

带有木质类开放性材料的穿线创客空间

带有木质类开放性材料的缠绕创客空间

埃莉将木珠穿在一个毛根上，想象着做一条蛇

带有纸张类开放性材料的系带创客空间

带有自然类开放性材料的穿线创客空间

一个 4 岁的儿童想象和设计自己的系带板,并分享他创作的一个树屋

带有纺织类开放性材料的编织创客空间

带有塑料类开放性材料的缝纫/刺绣创客空间

儿童探索做标记和装饰他们的刺绣

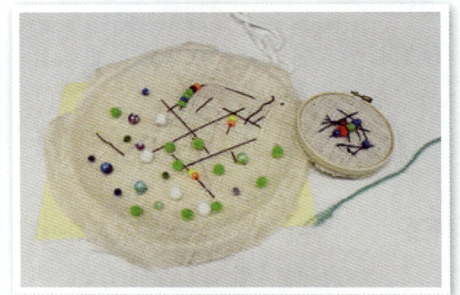

缪斯·诺克斯维尔儿童博物馆有一个带有导电线材料的缝纫创客空间,这个创客空间的协调员正在帮助儿童制作可以发光的手环

做标记:在别人需要支持时逐渐培养儿童的社会意识,我们观察到一位姐姐在看到她的妹妹变得沮丧时,停止了她正在创作的刺绣活动

分享我们的想法

教育工作者往往对纤维艺术创客空间望而却步,因为他们觉得自己缺乏必要的技能,尤其是在跨越材料和工具连续体的过程中。我们理解,因为我们也曾有过这种感觉。你所需要的只是一点灵感!我们设计了以下课程用于创设一个刺绣创客空间,这是由一位创客同行——来自哈奇艺术工作室的香农·梅伦斯坦建议的。当你提供一些基本的材料和工具,让儿童花费时间去探索和调整时,美丽的作品就会出现。这节课展

示了,当儿童可以自由地进行实验并创造他们想象中的针法时,刺绣创客空间可以变得多么简单和富有创意。你和儿童都不会出错!

纤维艺术创客空间的焦点课程

目的:儿童将通过使用针和纱线在粗麻布上进行创作来探索缝纫方法。

材料
- 不同类型的针法锚图
- 儿童图书《嗨哟,嗨哟,小蜘蛛织大网》
- 小到中号的绣花圈,里面可以放粗麻布
- 塑料的大眼针(儿童一人一根)
- 不同颜色、大小和质地的纱线(上课前剪几段,儿童一人一段)
- 足以让针穿过的带孔的小珠子
- 用于记录的照相机

聚焦和探索

导入:"我们一直在探索纱线的纹理,并发现了许多用这种织物进行创作的方法。今天,我想向你们展示另一种纤维艺术,你们可以使用相同的材料——纱线——在织物上缝纫。因此,我们将通过使用针和纱线在粗麻布上进行创作来探索缝纫方法。"

教学:"在我们深入研究可以用新工具做出的不同图案之前,我认为阅读一个关于一只蜘蛛的故事可能会很有趣,因为它用丝创作多种形状,一路上遇到了一些困难,但它没有放弃,继续尝试新的方法来织网。"阅读《嗨哟，嗨哟，小蜘蛛织大网》这本书，重点介绍蜘蛛用缝纫材料创作的不同形状。专注于探索所有不同类型的形状十分重要，因为这最终会让你成为强大的创造者、编织者和裁缝师。"哇，沃尔特确实做了很多漂亮的形状或标记，尽管它们中的大多数都有些摇摇晃晃。我想和你们分享一些图案，你们可以探索如何用粗麻布在绣花圈上创作。"向儿童展示针法锚图，帮助他们想象他们可以创作或缝出的图案。用预先组装好的绣花圈撑起粗麻布。"今天，你们将开始探索缝纫。缝纫是

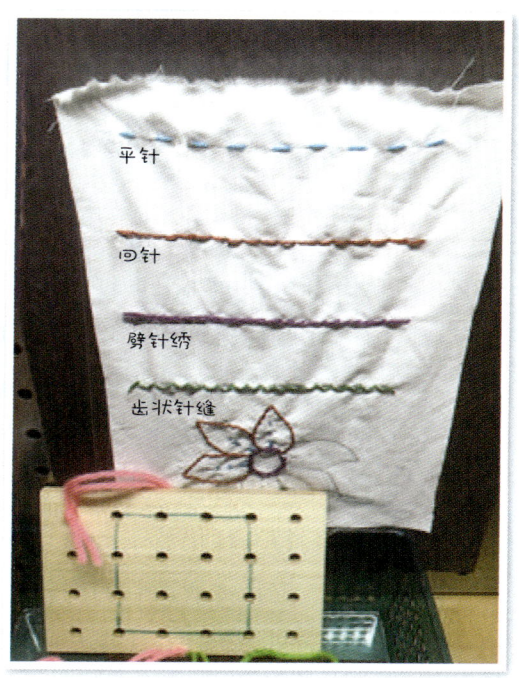

博物馆中展示的缝纫方法锚图

指用针、线或纱来装饰或丰富你的艺术作品。第一步是准备好我们的缝纫工具。"演示穿针引线并打一个大结。

积极参与："现在我想要你们试着把针准备好。不要担心！就像沃尔特一样，我们会做好这个，我会一路支持和帮助你们。"让儿童选择一根预先剪好的纱线，练习穿线并打一个大结，这样纱线就不会从粗麻布中滑出来。

想象

"现在，你们已经准备好在织物上创作图案。记住，缝制艺术作品的方法没有错误可言。你们既可以根据我们的图表进行缝制，也可以自己创作。重要的是，在遇到困难时，你们要像沃尔特一样坚持下去，并享受其中的乐趣！"请儿童停下来，

想一想他们将在布料上创作的图案。将他们的想法记录在"班级一览记录表"（见附录C）上。

游戏和创作

让儿童从绣花圈的后面开始，将针拉过来，然后再拉回去。使用"学习实践记录表"（见附录B），通过着重描述你观察到的儿童言行来记录他们表现出的学习实践。例如，寻找那些在缝纫过程中冒险的儿童，停下来评估他们接下来的行为，以作为调整儿童行为的证据。

分享

可以考虑请一个在缝制过程中遇到挫折但像书中的沃尔特一样仍然坚持的儿童来分享一次创客演讲。鼓励儿童向大家解释他所面临的困难。激励所有儿童不要放弃，并花几分钟时间集思广益（深呼吸、回顾自己的针法、询问朋友、耐心等待教师）。

激发创客创作纤维艺术的推荐书籍

在纤维艺术创客空间中，我们使用儿童图书来启发儿童用纺织品进行创作，并培养他们对这些材料的好奇心。我们在纤维艺术创客空间中使用了以下书籍。

- 《穿毛衣的小镇》
- 《地毯里的山羊》（*The Goat in the Rug*，Charles L. Blood）
- 《连接在一起》（*Knit Together*，Angela Dominguez）
- 《给戈德曼夫人的帽子：关于编织和爱情的故事》（*A Hat for Mrs. Goldman: A Story about Knitting and Love*，Michelle Edwards）
- 《伍尔伯》（*Woolbur*，Leslie Helakoski）

- 《嗨哟，嗨哟，小蜘蛛织大网》
- 《编织彩虹》(Weaving the Rainbow，George Ella Lyon)
- 《纺针下的歌谣》①(Cloth Lullaby: The Woven Life of Louise Bourgeois，Amy Novesky)
- 《不！我不是小树枝》②(Twig，Aura Parker)
- 《一个塑料袋》(One Plastic Bag，Miranda Paul)
- 《内尔爱编织》(Knitting Nell，Julie Jersild Roth)
- 《编织者》(The Weaver，Qian Shi)
- 《苏菲的杰作：一只蜘蛛的故事》③(Sophie's Masterpiece，Eileen Spinelli)
- 《展现许多善良行为的被子》(The Kindness Quilt，Nancy Elizabeth Wallace)

空间改造的下一步

创设纤维艺术创客空间可能会让人感到无从下手，因为许多人都缺乏缝纫技能，也想当然地认为与儿童分享这些材料时缝纫技能是必不可少的。我们曾经也有过这种感觉，但是我们一看到儿童在探索纤维，并通过他们的创作对自己和他们所爱的人表现出的善良，就知道这是一个我们必须接受的创客空间。我们现在激励你与儿童一起探索，并使用创客连续体在纤维、方法和工具方面发展熟练程度与知识，在创作活动中不断进步。

---

① 该书的简体中文版已由中信出版集团股份有限公司于2021年出版。——译者注
② 该书的简体中文版已由辽宁少年儿童出版社于2017年出版。——译者注
③ 该书的简体中文版已由河北教育出版社于2008年出版。——译者注

观察并庆祝儿童在编织与缝制的尝试中进行调整和冒险，并强调儿童通过合作解决问题来寻求和共享资源。然后，把重点转移到他们作为编织者和缝纫者的创客身份是如何通过创客思维的各个方面得以发展的。花点时间与同事进行一次创客谈话，思考儿童在创客思维方面的发展，以及你在纤维艺术之旅的下一步。

- 当儿童缠绕、编织、系带、缝纫时，你观察到他们表现出哪些学习实践？
- 当儿童面对挫折时，你会采用什么方法鼓励他们合作和坚持？
- 你将选择什么样的方法来启发儿童，支持他们创作令人兴奋的纤维作品？
- 关于将这个空间添加到 STEAM 学习区域中，你的计划是什么？

第 9 章

创客谈话时间

我在绘画与写作中捕捉游戏瞬间。
我的故事每天都在这里上演。
期待与所有人分享学习和快乐,
我们创作、分享和欢庆——这给我们带来了无限的乐趣!

故事激发创作

一群 4—8 岁的儿童收集材料——一片片毛毡布、一堆堆羊毛和一段段绳子,全被堆积在毛毡布上——并将它们带到集合区域,为当地图书馆某天下午在快闪创客空间中进行的创客谈话做准备。每个儿童都小心翼翼地将拼贴画作品放在地板上或自己的膝盖上,好像在保护一个伟大的宝物。这些真实的艺术创作承载着他们期待分享的想法、回忆和故事。每一件纺织品都是经过精心挑选和重新整理,然后才被放在完美的位置传达儿童的想法。4 岁的萨莉·佩塔尔首先爬上了创客的椅子,开始描述她是如何塑造人物的。她指着人物的头和胳膊,告诉每个人她故事里的这个人多么不开心。

> **为年幼的创客做出调整**
>
> 在创客谈话时间，当年幼的儿童展示他们创作的作品时，教师可以帮助他们培养语言技能。重新陈述儿童对于自己作品的描述或者叙述他们在游戏中假装了什么，接下来询问他们后续问题。从我们的故事中选取示例，你可以说："所以你塑造了一个不开心的女孩，那么什么类型的东西能够让她感觉好点？让我们列举一些方法，让她在你游戏和创作的故事中能够解决问题。"然后列出在儿童的创作中可以丰富他们的词汇量和激发他们添加更多创作细节的动词词汇。

接下来，8 岁的凯斯宾想展示他是如何像书中的艺术家那样创作人脸的。他停留在地板上，邀请其他儿童过来观看他的作品。他演示了如何剪下小段的纱线做成脸部的轮廓，并解释说他仍在用材料添加更多的细节。

一个儿童问 4 岁的科尔，他用这些材料创作了什么。"我做了一只棕熊，他从自行车上摔了下来，伤了脚踝。然后，他把伤口包扎好就离开了，情况也好转了。"我们想知道绷带被用在他拼贴画里的什么地方，于是科尔指着他放在熊棕色皮毛上的黄丝带。孩子们看到彼此的作品都很兴奋，他们传递作品，让其他人了解更多的细节。在创客分享完自己的想法后，孩子们会选择一种喝彩方式来庆祝他们分享的游戏和创作。教室里响起了热烈的掌声，每个儿童的脸上都洋溢着笑容。他们已经完成创作，完成分享，也进行了庆祝。这些成就对于倡导合作与分享的创客文化至关重要。

在克林顿公共图书馆的快闪创客空间里,儿童在一场创作会后与同伴们分享自己的想法、故事和创作过程

为什么向儿童介绍创客谈话时间很重要

当艺术家、工程师、雕塑家、发明家、裁缝师和其他创客有了新的想法,并在游戏和创作过程中完善技能时,他们通常是在自己的教室或创客空间里。这些都是安全的地方,充满了灵感与支持,保存着所有他们用于改进和重新调整想法的材料与工具。创客们从一个想法开始,但只有花时间用选择的材料探寻和测试想法时,他们才能真正发现作品的潜力。前面的章节已经展示了许多创设、改造和发展创客空间的方法,随着时间的推移,儿童将在这里学会探索、冒险以及熟练使用工具。

当专业的艺术家对自己的作品感到满意后,他们就会走出工作室,与全世界分享自己的作品。他们可能在画廊里展示作品，邀请公众走进工作室，在当地的集市上展出，或者在当地的学校和社区中心教授作品的相关知识。在创客的世界里，分享不仅仅发生一个项目或活动结束时，而是发生在整个过程，所以创客总是可以从其他创客身上获得知识和支持。在创客空间的活动中，我们希望儿童发展与他人分享与合作的创客思维。"通过交换想法，帮助彼此获得成功，接受成功与挑战，进而形成一种合作与分享的文化。"（Regalla，2016，p.265）这是我们创客谈话时间的一个非常重要的目标。

另一个目标是教儿童接受错误，改变想法，将困难视为寻求和共享资源的机会。当儿童与学习共同体分享自己创作过程中遇到的困难时，他们就会表现出一种理解，即我们都需要坚持和改进自己的实践以实现目标——形成成长型思维。他们勇敢地分享这些情况，不仅将创客共同体聚集在一起相互支持，也将帮助其他未来遇到类似问题的创客。"他们了解到，无论对错，想法都是有价值的、重要的，人们可能有不同的想法，但一个人可以通过向别人提问来获得学习。"（Chalufour & Worth，2004，p.5）创客谈话时间是创客空间的关键部分，我们建议教育者提供时间并精心安排，在STREAM学习环境中促进这些对话的发生。

重新为创客谈话设置分享时间

当幼儿教师为儿童提供游戏时间或者教授特定的STEAM课程时，最好的做法是在开始一天的工作之前以某种方式概述学习内容。考虑重新调整这段反思时间，让儿童在创客谈话时间进行分享与合作。创客谈话时间是指"一些儿童被选中或自愿与朋友们分享他们是如何创作自己的故事的"（Compton & Thompson，2018，p. 70），它也适用于与同伴分享想法、计划、信息和方法。一开始，创客谈话时间可以是 5 分钟，随着儿童耐力的增强，分享的时间可以逐渐增加。教师可以提出一两个简单的问题来促使儿童分享。下面是一个将创客谈话时间引入日常生活的计划示例。

设计你的第一个创客谈话空间

灵感与支持	• 无论儿童做什么都可以激发他们的灵感！拍一张照片，将其打印或投射出来，帮助儿童反思他们创作了什么 • 通过询问有关儿童作品的问题来提供支持（"你能指出你所创作的作品的各个部分吗？""你能告诉我这是什么吗？"）
主要材料	• 创设一个特别重要的空间，让儿童在这里（指定的椅子、地毯）分享
工具	• 用视觉材料帮助儿童交流想法，用照相机、计算机或平板电脑拍摄并分享照片，这给了儿童一个可以参考的视觉材料，也会帮助其他人想象；现在，从你能接触到的一切开始吧

给儿童几分钟回答你的问题或详细描述自己的作品之后，向其他儿童示范如何通过问问题来回应他的展示。一开始，你可以询问："接下来，你想在这个项目中做什么？"接着，儿童开始通过学习不同的喝彩方式形成为彼此庆祝的常规。在建立了创客谈话时间惯例后，你可以在全年使用工具连续体保持儿童之间的谈话与合作。

创客分享与合作连续体

手工艺术 ←――――――――――――――――――→ 高新技术		
分享		
儿童使用图片或作品： • 解释他们的创作 • 演示他们如何创作作品 • 解释他们下一步的创作	儿童将材料带到集合区域或展示他们创作过程中的图片： • 分享他们在游戏和创作过程中发现的成功经验或方法，从而帮助创客共同体 • 分享他们随着时间的推移进行创作的过程，以及这对他们来说意味着什么	儿童以数字化的形式展示他们的作品： • 解释他们在创作过程中所建立的联系，分享过程、材料和工具方面的成功 • 分享他们在尝试创作想象中的事物时所遇到的困难
合作		

儿童学习通过询问如下问题来给予反馈：
• "你的作品里是什么？"
• "发生了什么？"
• "你想在项目中做什么？"
	儿童学习通过回顾其他儿童的手工作品来给予赞美：
	• "我喜欢你作品里的这部分，因为……"
		儿童学习提供建议的方法，包括以数字化的方式研究解决方案，并在创客谈话时间展示研究成果：
		• "我想你可以试试……"
		• 接受建议的儿童学习通过如下表述进行回应：
		  • "我再想一想。"
		  • "不用了，但是我要谢谢你的帮忙。"
		  • "真是个好主意，谢谢你。"

为有特殊需要的创客做出调整

确保所有儿童都能参与创客谈话时间。为儿童提供材料，让他们再现自己创作的作品或故事。或者展示儿童创作的照片，让他们按照创作顺序展示照片。

创客谈话时间中的 STREAM 学习

当儿童有时间分享、反思和合作解决问题时,你就可以促进 STREAM 与儿童学习之间的联系。在创客谈话时间可以使用以下提示语促进儿童跨领域学习的联系。

促进创客运动与 STREAM 学习联系的提示语

科学	• 用所有感官密切观察同伴创作和分享的细节("这名创客如何用这些材料创作他想象中的东西?")
技术	• 在创作过程中使用技术工具(顺势摄影、绿幕软件、机器人积木)表征想法("这名创客如何表达想法?你在游戏和创作时,是如何使用这项技术的?")
读写	• 在解释创作的作品时发展沟通技能,并用故事进行表达或提供信息以分享想法 • 作为作者在纸张上发布故事或信息("关于你的创作,你可以和我们分享什么样的故事或信息?")
工程	• 分享解决创客所遇到的问题的新方法("你在创作过程中遇到过什么样的问题?你是如何发现一个新方法来解决问题的?")
艺术	• 使用艺术元素方面的知识描述儿童的作品("作为一名艺术家,你学到了哪些可以帮助你创作作品的知识?")
数学	• 在游戏和创作过程中使用数学工具帮助儿童("在完成创作目标时,你是如何使用数学技能的?")

想象一下,让儿童参与创客谈话时间

安排创客谈话时间的目的是让儿童分享、感到自豪、获得自信、寻求建议,并清楚他们所讲的内容对创客共同体以及更多方面都很重要。如果儿童表现出特定的技能、学习实践,或这些与当日帮助儿童在学习环境中强化教学要点的焦点课程直接相关,他们就可能会自愿或被教师邀请去发言。

灵感与支持

儿童的作品对 STREAM 学习空间中的所有创客都是一种真实的激励与支持。记录儿童所做的事情，这不仅可以在创客谈话时间支持他们交流，还可以在创客空间中张贴，从而为那些没有想法的儿童提供灵感。儿童用于创作的材料也可以充当一种支持性资源。例如，如果儿童用橡皮泥做了一个雕塑，就可以邀请儿童将雕塑和工具带来展示他们是如何在创作过程中添加纹理或其他设计要素的。与以往一样，在创客空间中，书籍也可以提供灵感与支持；请参阅本章后面部分的书单，帮助儿童理解相互支持在分享作品时的意义。

儿童也可以在课程最后主动报名参加创客谈话时间并自愿交流。如果他们在创作方面遇到问题，或者需要创客共同体提供建议或专业知识，这便会给儿童提供一个寻求支持的机会。当儿童为自己的作品感到自豪时，这也是一个与同伴分享和庆祝的机会。当然，想分享的儿童很多，但我们每天的分享时间有限，因此你可以在一天开始时让儿童与同伴建立一种轮流发言的规则。这可以让每个儿童都得到支持，他们的声音都能被倾听到，使他们感觉自己受到重视。

在教室、图书馆和博物馆举办了多次创客谈话时间后，我们确定了 7 个有助于你和儿童开展创客谈话时间的组成部分。请记住，开始时要慢慢来，然后随着儿童耐力的增强以及新话题在儿童讨论中的增加，逐渐延长谈话时间。

创客谈话时间的组成部分

- 在创客谈话时间开始之前，收集所有的材料和工具
- 解释你创作了什么，是如何创作的
- 分享成功和经验教训
- 分享困难和寻求建议
- 说一说你在创作时想到的联系（它是否唤醒了你从前的记忆、想法或学到的信息？）
- 分享你的下一步创作计划
- 展开讨论、提出问题、接受赞美并向创客共同体寻求建议

在创客谈话时间开始之前，收集所有的材料和工具

当轮到儿童发言时，让他们收集所有的创作材料，并将它们带到集合区域。如果儿童正在进行大型项目，如建构积木或创作易碎的艺术品，那么可以给它们拍照或者打印、投影，帮助儿童表达他们正在创作什么。小组儿童也可以在创客谈话时间参与发言儿童的大型创作中。可以通过提供提示语来支持儿童，例如："这是一张你正在创作时的照片，你能告诉我们你做了什么吗？你能指出建构物（或雕塑、拼贴画等）的各个部分，告诉我们你做了什么吗？"

解释你创作了什么，是如何创作的

我们强调以儿童为主导的对话，因此我们建议教授儿童一些通过思考相关问题来参与讨论的方法。例如，你可以这样问："你在做什么？"让儿童解释他们正在做的东西。询问他们建

构、雕塑、编织等创作中的具体细节。就像我们鼓励读者指出书中的某一页并提供文本证据以支持他们的想法一样,我们鼓励儿童在解释时使用他们用于创作的材料。在创客谈话时间,我们希望儿童通过展示材料连接方式或解释他们在创作过程中使用了什么工具来关注他们是如何创作的。儿童既可以与成年人进行一对一的交谈,也可以在小组或集体中进行分享。

一个儿童正在与成年人一对一地分享他的想法和计划

一个儿童在小组中用材料展示她正在创作什么

儿童在整个班级中用文本材料讨论问题、称赞他人以及从创客共同体中寻求建议

分享成功和经验教训

在反思中庆祝成功。儿童应该思考问题:"我有什么成功的经验可以与同伴们分享吗?"或"我今天创作的时候,学到了哪些经验教训?"有时,儿童羞于分享他们在创作过程中取得的成功。通过练习、演示和提醒,当儿童反思他们在创作过程中所学时,他们会发现一个非常好的创意或一个顿悟时刻,这都可以帮助另一个创客的顺利创作。"请记住,顿悟不是指产生一种完全颠覆的、全新的想法,它只是能够引导儿童或班集体以稍微不同的角度看待事物。"(Mraz & Hertz, 2015, p. 148)当儿童开始从解释或重复他们所做的事情转变为真正地反思作为创客自己可以学习什么时,最后的两次对话就可以开始了!

波特正在分享一个大象驾驶一架即将坏掉的飞机的故事,他神采奕奕地说道:"现在我需要让飞机听起来像要坏掉了!"他在飞机的背面添加一些开放性材料,并用纺织物包裹;现在,当他演示故事和摇晃飞机时,金属零部件的响声与他想象的声音一样;顿悟包括,当你分享你正在创作的东西时,你可能会产生另一个想法

分享困难和寻求建议

儿童需要思考的另一个问题是:"我在创客空间中遇到了困难吗?"接下来的对话通过支持儿童接受错误和庆祝他们的成就来促进成长型思维的发展。当创作出现问题或认为自己失败时,儿童和成年人都会感到难过。因此,我们要养成主动寻求帮助或获取额外资源的习惯。开始这类对话的一种方法是让儿童发现问题,然后向其他创客寻求建议。当儿童与其他在创作过程中可能有类似经历的人分享时,他们将会更好地抑制消极的自我对话,专注于反思积极的工作。"创造一个让共同体一起反思的空间,有助于儿童在思索哪里出了问题和下一次如何让事情变得更好之间保持平衡。"(Mraz & Hertz,2015,p.142)

说一说你在创作时想到的联系

下一次对话的起点来自我们为撰写《儿童故事创作——探究、想象与意义建构》①(*StoryMaking: The Maker Movement Approach to Literacy for Early Learners*)这本书所收集的研究成果。让儿童有时间与他们正在创作的作品建立联系,并思考"通过用这些材料进行创作,我会想象出什么样的故事或图书"这一问题。很多时候,儿童会一边游戏和创作,一边讲述,同时想象自己创作的角色和场景,并随时将它们编织到作品中。创客谈话时间可以产生丰富的口述故事经验,它们会支持儿童的口语发展。我们像说话一样写作,所以"空中写作"的机会可以帮助儿童理解讲故事的方式,并让他们准备好在纸上分享创作

---

① 该书的简体中文版已由中国轻工业出版社于2021年出版。——译者注

经验，并以此作为创客们的另一种交流形式。

叙事并不是儿童在创作过程中参与讲故事和写作的唯一方式。儿童可能知道很多关于某个特定话题的信息，并不断将这些知识融入自己的创作中。他们也可能在创客谈话时间产生强烈的意见。因此，扩大对话起点的范围是很重要的，这样儿童就知道任何类型的写作都是受欢迎的。当故事、信息或意见在创客空间或创客谈话时间产生时，可以通过标注儿童所分享的"空中写作"来着重呈现儿童正在做什么，并通过提供更多的细节来支持儿童的口语发展。

 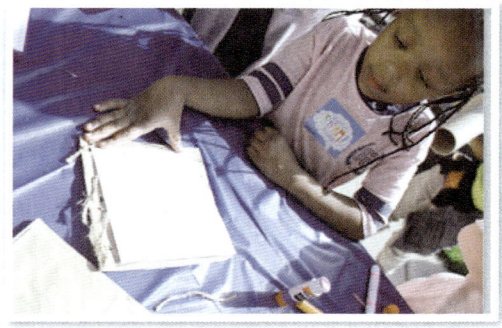

纳拉耶在缪斯·诺克斯维尔的全球纸板挑战赛上做了一个带篝火的帐篷；在游戏和创作之后，她写了一个关于家庭露营的故事，并受到启发，然后与大家分享她的故事

分享你的下一步创作计划

儿童最后思考的一个对话起点是分享他们的下一步创作计划。例如，儿童如果遇到了问题，那么将如何坚持在第二天继续创作？他们如果对自己的创作内容感到成功，那么又将如何继续创作？对正在创作故事或解释作品信息的儿童来说，他们是否想尝试改变自己的一些想法，并在另一个创客空间中重新

创作，看看是否会出现一些新的细节？当你用这类讨论结束创客谈话时间时，你就在为儿童演示表达意图的学习实践。儿童将养成习惯，在逐步实现目标的过程中思考并进行下一步。

伊莎贝拉分享了她下周回到快闪创客空间继续用积木创作企鹅的计划，当她用一种不同的方法——刺绣——重新调整自己的想法时，她分享了故事中的一个新细节

展开讨论、提出问题、接受赞美并向创客共同体寻求建议

最后，要为儿童提供彼此支持创作的机会。我们首先要教授儿童如何就刚刚他人分享的内容提出问题。教师示范指着作品或照片问道："这是你作品中的哪个部分？"或"下一步你想在创客空间做什么？"然后，向儿童展示如何通过教师提供的语言框架赞美他人，"我喜欢这个部分……"。提供一个儿童彼此互提建议的示例。其他的语言框架，比如"我认为你应该……"或"你有没有想过……"，演示了一种尊重式的反馈（Compton & Thompson，2018）。《感谢你的反馈（我认为！）》[Thanks for the Feedback (I Think!)，Julia Cook] 是一本非常具有

启发性的书，它可以帮助儿童发展成长型思维，学习理解、接受赞美和反馈的相关方法。

庆祝

在博物馆散步中分享

与其他创客分享的另一种方式是在博物馆散步。这种分享方式允许儿童展示一天的工作。它帮助创客们注意细节、分享见解以及反思彼此的创作经验。组织儿童在博物馆散步，观看班级每个人的作品，或选择一个特定的创客空间进行参观。可以每周进行一次博物馆散步，这样你和儿童甚至家长都可以看到你的空间里每名创客的进步。当你在每个创客空间散步时，可以邀请儿童谈谈他们在这个空间中的游戏和创作，然后引入第2章中讨论艺术细节的语言，让儿童描述他们在展示的作品中看到了什么。查卢福尔和沃思（2003）提出了一些建议儿童使用的后续问题，从而让他们用这样的方式进行分享，我们将其进行调整，使其适合创客谈话时间。使用记录笔记询问儿童有关创作方法和设计的后续问题，例如，可以这样说：

- 我注意到当你把这幅画固定在纸板上时，它一直往下掉。这次你又是怎么让它粘住的？
- 你能给我们展示一下你是怎么用黏土做这些纹理的吗？你使用了什么工具和方法？
- 你是如何给作品上色的？
- 你能解释你在拼贴作品中用了什么形状吗？它们都代表什么？

博物馆散步

在博物馆散步期间，派珀分享了她的艺术创作细节，并描述了她在重新将拼贴作品改造为一幅画时如何改进设计

展示照片是分享和庆祝儿童作品的另一种方式

在创客谈话时间采用其他"语言"进行分享

一个儿童与他人共同创作的东西也可以用其他一百种语言分享。我们经常教第一次学习英语的儿童或有交流想法需要的儿童，也教正在建立自信的儿童以及有特定交流和分享模式偏好或天赋的儿童。我们拥有尽可能多的交流方式，这样所有儿童都能自由地表达自己的想法，并用其他的方式、方法和工具流利地表达。下面是一些其他形式的分享示例：

- 儿童可以展示他们的作品（写一份艺术家书面说明，就像专业艺术家在画廊展览中展示他们的作品一样）；
- 儿童可以收集道具、服装或场景，通过演示或表演进行交流，或者使用应用程序创造成品；

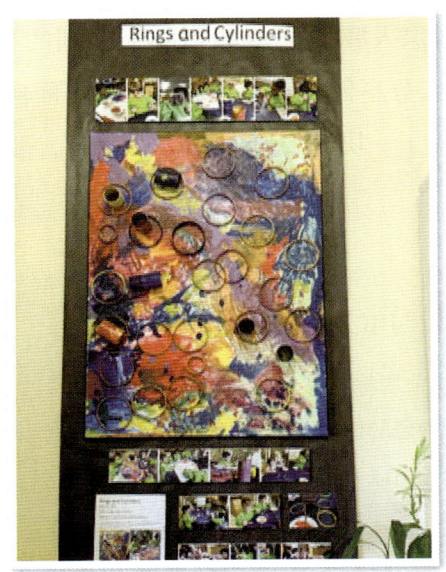

来自金德鲁儿童学园的儿童作品在社区中展示，并附有儿童对艺术作品的说明

- 儿童可以设计乐器，选择音乐，甚至可以用"刮刮乐"（Scratch）这样的程序创作音乐，还可以表演舞蹈来交流他们创作中的人物、情感或信息；
- 儿童可以通过使用技术与观众分享他们的创作，如定格动画、数位绘图（Compton & Thompson，2018）。

用于游戏和创作的空间

几天后，2岁的凯和4岁的科尔在家里的表演创作空间中游戏和创作。科尔用迈拉①、胶带和金属类开放性材料创作了一件宇航服和一个道具，并解释了他想象、游戏和创作的玉米卷星球的故事。现在，他很期待分享，但不想解释自己是如何创作的。科尔想将想法付诸行动，并向家人展示他是如何为我们表演的。

科尔寻找了一种新的方式分享创作过程，并发现了绿幕软件。他去了趟当地的商店，买了一块97美分②的绿色桌布，准备表演。

布置与审美

如果你有兴趣在创客空间使用绿幕软件，那么它不需要花费很多！在许多地方都可以买到绿色的砧板纸，或者你也可以买便宜的绿色桌布或窗帘，这种材料还可以为表演创客空间提供一个漂亮的开放式背景。

---

① 一种聚酯薄膜。——译者注
② 美国最小货币单位，以实时汇率为准。——译者注

科尔一边查看创作说明,一边想知道如何创作电影。第一步是想象用什么样的图像表征故事背景。他从创客空间中寻找书籍,打算找到一张合适的照片帮助他分享。他选择了一幅用卫星拍摄的月球表面的照片,他称之为"火箭"。他说:"我想要这个,因为这就是玉米卷星球的样子,我的火箭正要向太空发射。"现在他要穿上宇航服了,他收集了材料,并在表演故事做动作的时候请求别人帮忙将头盔固定在他的头上。当他准备好时,他站在绿色桌布前,手里拿着道具开始分享和表演故事。他用了一些时间尝试表演故事,然后喊道:"停!"这样他就能看到它的样子。紧接着,他说要准备讲故事,再次喊道:"开始!很久以前,我坐着我的太空火箭去了玉米卷星球,我吃光了所有的玉米卷。我和我的外星朋友都住在那里。我的故事结束了!"

对他来说,这是一种全新且令人兴奋的与他人分享创作的方式。在一次创客谈话时间,科尔分享了他与父母合作制作的视频,并自豪地向大家展示了他们是如何使用这项新技术的!

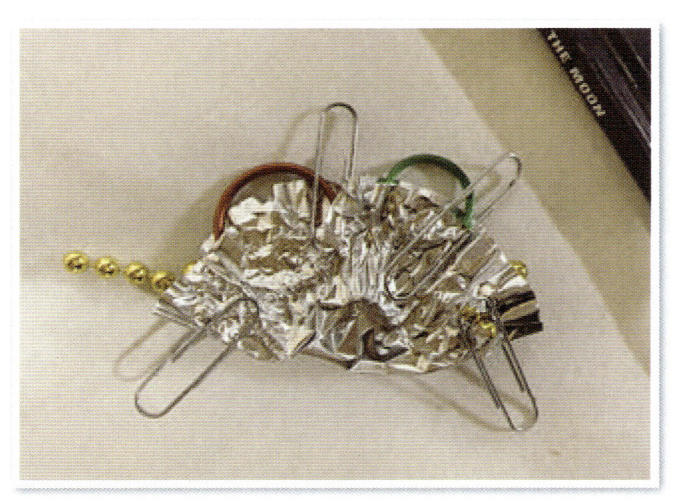

通过打通一个圆形的洞,男孩为自己做了一个太空头盔,他使用金属类开放性材料创作一个玉米卷道具以匹配他想要分享的故事

小创客准备创作电影,并在即将到来的创客谈话时间中分享

使用绿幕软件,使他的电影看起来像个截图

儿童不仅在分享的过程中成长为故事讲述者,而且在创客谈话时间里继续展示他们的学习实践行为。以下是我们故事记录中的几个示例,展现了科尔从创客空间到创客谈话时间的学习过程。

创客谈话时间的学习记录

引导创客思维发展的学习实践	学习实践中的可观察指标
质疑	当科尔想知道如何才能最好地向观众展示自己的作品时,他表现出了很强的好奇心。
修补	科尔表演并测试了不同的动作,以观察它们在视频记录中是什么样子的。
寻求与共享资源	科尔请求他人的帮助以准备好他要分享的材料。
改进与重新调整	在观看了不同版本的动作后,科尔思考他最喜欢的动作,并将这些想法融入最终的表演版本中。
表达意图	科尔明确表示,他想拍一部电影以分享玉米卷星球的故事。
熟练	在多次尝试按下"播放"键进行记录后,科尔明白了这项技术是如何工作的,以便分享他的故事。
从简单到复杂	科尔结合使用创客空间中的材料和技术进行分享,创作出对他和他的家人来说有意义的东西。

儿童可以用很多种方式交流他们创作了什么，学习了什么以及创作了什么样的故事和信息。本章所提及的方法有助于随着时间的推移在创客谈话时间改变和维持儿童的兴奋感。

让更多的分享空间激发创客谈话

教师可以使用各种各样创客谈话时间的影像材料，想象和计划儿童与他人分享重要作品和知识的方式。

通过展示作品来分享

通过在观众面前演讲来分享作品

儿童以小组或个人的形式参与合作分享，他们运用道具表演，甚至穿上自己创作的作品

艾丽斯通过伴着音乐跳舞来分享,她用一根线串起了珠子,用它跳起了舞

通过播放故事来分享

做标记:通过分享和行动,一个班级的儿童制作了指示牌,以展示他们关于腐蚀如何影响环境的相关知识

* 图中英文意思是:"这里已腐蚀,请注意脚下。"——译者注

分享我们的想法

儿童需要时间发展对话技能，正如在创客空间使用特定的材料或工具进行学习一样。因此，下面提供的课程是生成性的，可以在不同的时间使用，帮助儿童习得另一种对话方式。制作一幅名为"如何分享我们正在创作的东西"的锚图，并增加一种新的方式，以此分享你讲授如何提高创客谈话技能的焦点课程。

创客谈话时间的焦点课程

目的：儿童通过观看活动，并在创客谈话时间分享经验，学习相互交流的方式。

材料
- 儿童图书《路易丝爱艺术》
- 从创客空间中为焦点课程选取儿童作品
- 将儿童作品放大的照片
- 照片或每个儿童实际创作的作品
- "如何分享我们正在创作的东西"锚图
- 记号笔
- 关于儿童创作的记录笔记

聚焦和探索

导入："昨天，我重新阅读了《路易丝爱艺术》这本书，这让我思考你们所有人是如何使用创客空间的材料表现你们的想象力的。然后，我在这本书的其中一页上看见路易丝正在收集她所有的艺术作品，并在房子里展示，她将自己最引以为傲的作品贴在冰箱上展示给别人看。这引发了我的思考！我们需要找到一个共同的时间和空间来分享我们的作品，就像路易丝和她的哥哥阿特一样。今天，我们将通过观看活动，并在创客谈话时间分享经验，学习相互交流的方式。"

教学：从创客空间中选择一件儿童一直在创作的作品。"今天，我看着（儿童的姓名）将几张纸粘贴在他的拼贴画上，然后拿掉一些，换上另一种材料。（儿童的姓名），你能给我们展示你创作了什么吗？你为什么决定选择一种不同的材料创作你想象中的图案？"给儿童时间，让他指出自己的拼贴画或在其他创客空间选择的作品，并描述自己做了什么。

投影或展示从某个创客空间中选择的放大了儿童作品的照片。"我注意到（儿童的姓名）正在用木质积木建造一个非常高的建筑。你能告诉我们你在建造什么吗？你是怎么不让它倒下来的？"

这一次，我们谈到了锚图，并写下："分享你创作的作品和如何创作的。""小创客们，我们刚刚发现了一种分享作品的新方式。我们可以将自己的材料或照片带到集合区域，并解释我们是如何创作的。我很高兴你们能在这次创客谈话时间分享你们想象的东西。"

积极参与："现在，你们已经看到了一些如何谈论自己作品的示例，我希望你们转过身来，和自己肩并肩的伙伴聊一聊和试一试，解释你们创作了什么，又是如何做的。"你可以让儿童根据当天或前一天拍摄的照片练习，或者让儿童带着同伴去创客空间观看作品。因为儿童没有离开集合区域去游戏和创作，所以你会有机会倾听和观看有关儿童同伴之间进行分享的学习实践。例如，你看到一个儿童在分享自己如何创作，那么他就是在分享自己的某方面知识，展示"寻求与共享资源"的学习实践。

分享

"今天，通过观看活动，并在创客谈话时间分享经验，我们学会了一种新的交流方式。当我们分享时，我们可以描述自己正在创作什么和解释我们是如何创作的。我已经迫不及待地想在每天的创客谈话时间让你们分享自己的辛勤工作和富有创造性的想象力。"

激励创客进行分享和合作的推荐书籍

在本书中，我们运用儿童文学作品激励儿童在特定的创客空间进行创作。书籍也提供了一个强有力的信息，告诉我们如何顺利地与他人分享自己的创作。下面是我们在创客谈话时间用到的书籍。

- 《感谢你的反馈（我认为！）》
- 《最好的陪伴》[①]（*The Rabbit Listened*，Cori Doerrfeld）
- 《路易丝和安迪：友谊的艺术》（*Louise and Andie: The Art of Friendship*，Kelly Light）
- 《路易丝爱艺术》
- 《隐形男孩》[②]（*The Invisible Boy*，Trudy Ludwig）

---

① 该书的简体中文版已由北京联合出版公司于 2019 年出版。——译者注
② 该书的简体中文版已由湖南少年儿童出版社于 2014 年出版。——译者注

从分享时间向创客谈话时间转换的下一步

无论是让儿童思考问题还是让儿童分享一天的某些内容，你都需要在创客谈话中提供分享时间。我们常常被时间赶得团团转，导致创客共同体中的分享这一重要方面被忽略。分享对于儿童的生活太重要了，因为他们是崭露头角的创客、工程师、艺术家、工程师、雕塑家、发明家和编织者，不容忽视。在早期支持儿童创客思维的发展，这样他们就可以学到宝贵的经验，包括解决问题、坚持不懈、为自己的工作感到自豪，以及在志同道合的共同体中寻求支持。花些时间和你的同事进行一次创客谈话，反思儿童是如何形成创客思维的，并一起思考转化分享时间的下一步。

- 想一想某次孩子们对于自己的创作所进行的有效对话，是什么让这次对话如此有效？你观察到哪些学习实践使这次对话如此成功？
- 你如何确保创客谈话中的分享时间得以保证，让所有儿童在一周内都有机会分享？
- 询问儿童："在与他人分享你的作品时，你学到了哪些新技能？"仔细思考它与创客思维有何联系。

结　　语

耶！你坚持到了最后！我们想和你一起庆祝，感谢你加入这段旅程。我们迫不及待地想看到你设计和创设的那些富有创意的创客空间。我们想要倾听你在思考想法和材料时的学习实践（质疑）；为自己所设定的或大或小的目标（表达意图）；尝试各种想法和材料（修补）；与同事们交流意见和想法（寻求与共享资源）；改变想法，再次尝试和改变（改进与重新调整）；设置培养儿童思维的常规和过程（熟练）；使用简单的方法和材料，让儿童将复杂的思维变得可见（从简单到复杂）；与你的同事和我们一起合作并分享！你是一名创客，通过开展创客运动的学习实践，你正在发展自己的创客思维，以及那些早期学习者的思维。

我们的首要目标是激励和支持你设计并创设创客空间，在那里儿童可以开展创客运动的学习实践，发展创客思维。在与同事进行创客谈话时，你可以思考以下问题。

- 当你将活动区域改造为创客空间时，什么最让你感到惊讶？你的顿悟时刻是什么时候？（创客会表现出一种好奇心）
- 当儿童进入创客空间时，你注意到了什么？他们最喜欢什么样的材料？他们最喜欢哪些创客空间？他们参与了多长时间？（创客是细心的观察者）

- 你有没有注意到儿童跨越空间的界线，将材料和想法从一个空间转移到另一个空间？在 STREAM 学习领域中，你注意到儿童在哪些方面的进步和成长最大？儿童有让你感到惊讶的创新吗？（创客都是 STREAM 创新者）
- 当你改造空间时，你的自信是如何发展的？思考你的成就，庆祝你的进步！（创客会发展社会性–情感效能）
- 赞美你的坚持不懈！你克服挫折了吗？在这个过程中，你是怎么找到问题的解决方法的？你用什么样的策略继续工作？（创客具有成长型思维）
- 与同事分享你的下一步计划。庆祝你的成长！你是一名创客，已经形成自己的创客思维！（创客会分享与合作）

我们非常期待听到你所教儿童创编的故事和制订的计划，以及他们在想象、游戏、创作和分享中的思考。请告诉我们你的最新情况！

附录 A　写给家长的一封信

亲爱的家长：

您的孩子是创客！他正在使用开放性材料、现有材料和可回收材料进行想象、游戏、创作和分享奇妙的故事、想法、思维和计划。他在游戏中学习。我们将在教室里创设一些创客空间。创客空间是儿童可以使用适合其发展的开放性材料与工具进行想象、游戏、创作和分享他们的想法、项目、故事或思考的地方。

我们希望您能帮助我们收集创客空间的材料。您收集的所有材料都应该被装在纸袋里。请不要出去购买任何东西。相反，我们需要您家里已经有的一些零碎材料。希望您能翻翻杂物抽屉，去邻居家走走，或者从缝纫包以及工具箱中找一找可回收利用的物品。我们的目标是重新利用家里已经有的物品。

一定要注意安全！我们不能使用尖锐、有毒或有潜在危害的材料。以下是儿童在游戏和创作过程中喜欢使用的一些材料。

自然类	木质类	纸张类/纸板类	塑料类	金属类/反光类	纺织类（布料）
• 橡子 • 树皮 • 蛤壳 • 椰子壳 • 浮木 • 羽毛 • 花瓣 • 花（季节性） • 豆荚	• 夹子 • 软木塞 • 高尔夫球钉 • 火柴棍 • 调色盘 • 木头碎片 • 原木片 • 木质工艺棒 • 木质娃娃夹	• 硬纸板 • 纸板邮寄管 • 信封 • 杂志 • 文件夹 • 报纸 • 旧卡片 • 纸蛋盒	• 密封夹 • 气球 • 饮料瓶盖 • 宾果游戏卡片 • 纽扣 • 光盘盒 • 玻璃纸 • 咖啡粉囊 • 彩色拨片 • 窗帘环	• 风管 • 铝罐盖 • 铝箔 • 回形针 • 瓶盖	• 沙包 • 毛毯 • 粗麻布 • 棉球 • 小桌布 • 刺绣品/绳/线 • 纺织条带 • 毛毡布 • 法兰绒 • 鞋带

我们迫不及待地分享、整理和归类这些材料，并在创客空间中使用它们。我将会发送很多照片！谢谢您的帮助。

附录 B　学习实践记录表

如何培养创客思维		
学习实践	儿童的言行 强调儿童所展现的行为	日期和点评
好奇心		
质疑	• 用感官探索材料的特性 • 问问题 • 带着好奇心接触新材料	
细心观察		
社会性－情感效能		
成长型思维		
STREAM 创新		
修补	• 整理和重新调整材料 • 用一种材料代替另一种材料 • 在使用材料时不断测试和冒险 • 评估形态和功能	
改进与重新调整	• 用新的方式使用常见的材料 • 以非预设用途的方式使用新材料 • 为了新的目的调整或增加材料	
表达意图	• 选择一个空间进行游戏和创作 • 表达想创作什么 • 表达喜欢、不喜欢以及对什么感兴趣 • 决定创作的下一步	
熟练	• 反复练习 • 更快更好地使用材料、工具和附件 • 熟练掌握材料、工具或附件的使用方法	

（续表）

	如何培养创客思维	
从简单到复杂	• 使用简单的材料制作一些新的或者复杂的东西 • 使用简单的步骤创作复杂的东西 • 使用简单的程序开发复杂的系统	
	分享与合作	
寻求与共享资源	• 与他人分享某个领域的专门知识 • 使用故事、书籍和插图作为资源 • 使用伙伴的项目和知识作为资源 • 使用成年人在某个领域的专门知识作为资源 • 使用指示牌作为资源 • 使用材料作为资源	

附录 C 班级一览记录表

班级一览记录表

儿童姓名	日期:	日期:	日期:	日期:	日期:	日期:	日期:

附录 D　艺术元素

教师可以在使用材料、讨论和美术研究中将特定的艺术元素介绍给儿童。下面列出的艺术元素是我们在有意识地规划美术创客空间时的灵感来源,在阐述的同时我们也针对每个元素提出了启发儿童进行艺术创作的建议。

颜　色

儿童通常先发现和混合颜色。他们学习识别和命名颜色。可以从项目中的一两种颜色开始,让儿童有机会深入探索颜色。

带有颜色的轮廓画

在命名颜色、色调、深浅和明暗方面存在微妙之处。讨论色调之间的差异——紫色、紫罗兰色和淡紫色,通过实践引发儿童各种各样的问题、质疑和好奇心。

线　　条

无论是在历史的还是当代的艺术品中,你都可以找到线条,如细线、粗线、曲线、短线、长线。我们用细尖的黑色记号笔绘制轮廓,"它们会促使儿童将绘画视为思想表达的一种方式"(Pelo,2017,p. 131)。你可以引入词汇(粗重、平行、"之"字形),比较长度和粗细,尝试不同类型的线条。对这个元素来说,很好的问题可能是:"关于这件艺术作品中的线条,你观察到了什么?"或"你如何在艺术创作时使用线条?"

带有线条的轮廓画

形　　状

不只是要认出艺术品中的特定形状。它考查的是形状之间的相互作用和相互影响,这些形状可以相互组合、相互重叠、相互平衡、相互间隔、相互孤立地存在。注意那些奇特的形状、不规则的形状、圆柱形和几何形状——各种形状。这些形状可以是纯色的、有阴影的或代表三维物体的。"画笔最适合被用于画物体的形状。"(Pelo,2017,p.134)

带有形状的轮廓画

质　　感

质感需要触觉来感受。它指的是某种物体表面带给人的感觉或触感。儿童可以区分质感,从黏稠到凹凸不平到粗糙再到光滑。不同的艺术媒介有不同的质感,正如用于素描画、手指画、水彩画等纸张的重量不同一样。儿童天生喜欢在环境中触摸材料,由于他们通常不能直接触摸著名的艺术作品,因此我们可以探讨他们用眼睛观察和注意到的纹理。

空　　间

空间指的是一件艺术品中各个表征物之间的距离。表征物可能被边界分开，或者有时它们也会重叠。空间可以暗示一种感觉（拥挤、黑暗）或描绘出艺术家正在传达或表现的东西。儿童可以花时间尝试各种空间布局，不断地重复，直到发现最接近他们想法的那个空间位置。

带有空间布局的轮廓画

设　　计

设计是创作过程中不可缺少的一部分。在艺术创作中，设计指的是对作品的组织。设计通常是从儿童画圆开始。重复和发现体现在重复的形状与图案中。其他元素可以在设计过程中进行组合。设计的结果可以包括对称、平衡、结构，等等。设计通常需要一个经过修补和迭代的计划，以弄清楚如何将所有元素组合在一起。

附录 D 艺术元素 243

带有设计的轮廓画

参 考 文 献

Bailey, Becky A. 2015. *Conscious Discipline: Building Resilient Classrooms*. Oviedo, FL: Loving Guidance.

Barell, John. 2013. *Did You Ever Wonder? Fostering Curiosity Here, There and Everywhere*. Berwick-upon-Tweed, UK: Martins the Printers.

Bers, Marina Umaschi. 2008. *Blocks to Robots: Learning with Technology in the Early Childhood Classroom*. New York: Teachers College Press.

Biermeier, Mary Ann. 2015. "Inspired by Reggio Emilia: Emergent Curriculum in Relationship-Driven Learning Environments." *Young Children* 70 (5).

Blikstein, Paulo, and Marcelo Worsley. 2016. "Children Are Not Hackers: Building a Culture of Powerful Ideas, Deep Learning, and Equity in the Maker Movement." In *Makeology: Makerspaces as Learning Environments*, vol. 1, edited by Kylie Peppler, Erica Rosenfeld Halverson, and Yasmin B. Kafai, 64–79. New York: Routledge.

Blum, Nicole, and Catherine Newman. 2017. *Stitch Camp: 18 Crafty Projects for Kids and Tweens*. North Adams, MA: Storey.

Brahms, Lisa, and Kevin Crowley. 2016. "Making Sense of Making:

Defining Learning Practices in *MAKE* Magazine." In *Makeology: Makers as Learners*, vol. 2, edited by Kylie Peppler, Erica Rosenfeld Halverson, and Yasmin B. Kafai, 13–28. New York: Routledge.

Brahms, Lisa, and Peter Wardrip. 2016. "Making with Young Learners: An Introduction." *Teaching Young Children* 9 (5).

Brommer, Gerald. 1994. *Collage Techniques: A Guide for Artists and Illustrators*. New York: Watson-Guptill.

Carlson, Laurie. 2016. *Knit, Hook, and Spin: A Kid's Activity Guide to Fiber Arts and Crafts*. Chicago: Chicago Review Press.

Ceppi, Giulio, and Michele Zini, eds. 1998. *Children, Spaces, Relations: Metaproject for an Environment for Young Children*. Reggio Emilia, Italy: Reggio Children.

Chalufour, Ingrid, and Karen Worth. 2003. *Discovering Nature with Young Children*. St. Paul, MN: Redleaf Press

———. 2004. *Building Structures with Young Children*. St. Paul, MN: Redleaf Press.

Christakis, Erika. 2017. *The Importance of Being Little: What Young Children Really Need from Grownups*. New York: Penguin Books.

Clapp, Edward P. 2017. *Participatory Creativity: Introducing Access and Equity to the Creative Classroom*. New York: Routledge.

Clapp, Edward P., Jessica Ross, Jennifer O. Ryan, and Shari Tishman. 2017. *Maker-Centered Learning: Empowering Young People to Shape Their Worlds*. San Francisco: Jossey-Bass.

Compton, Michelle Kay, and Robin Chappele Thompson. 2018.

StoryMaking: The Maker Movement Approach to Literacy for Early Learners. St. Paul, MN: Redleaf Press.

Daly, Lisa, and Miriam Beloglovsky. 2015. *Loose Parts: Inspiring Play in Young Children*. St. Paul, MN: Redleaf Press.

Davis, Jacky. 2014. *Ladybug Girl and the Dress-Up Dilemma*. New York: Penguin Group.

Dolphijn, Rick, and Iris van der Tuin. 2012. *New Materialism: Interviews and Cartographies*. Ann Arbor, MI: Open Humanities Press.

Dougherty, Dale. 2016. "Foreword." In *Makeology: Makerspaces as Learning Environments*, vol. 1, edited by Kylie Peppler, Erica Rosenfeld Halverson, and Yasmin B. Kafai, ix–xi. New York: Routledge.

Eckhoff, Angela. 2017. "Meaningful Art and Aesthetic Experiences for Young Children." *Young Children* 72 (5): 14–20.

Edwards, Carolyn, Lella Gandini, and George Forman, eds. 1998. *The Hundred Languages of Children: The Reggio Emilia Approach—Advanced Reflections*, 2nd ed. Greenwich, CT: Ablex Publishing.

Ehlert, Lois. 2014. *The Scraps Book: Notes from a Colorful Life*. New York: Beach Lane Books.

Feeney, Stephanie, and Eva Moravcik. 1987. "A Thing of Beauty: Aesthetic Development in Young Children." *Young Children* 42 (6): 7–15.

Fox, Jill Englebright, and Robert Schirrmacher. 2015. *Art and Creative Development for Young Children*, 8th ed. Stamford, CT: Cengage Learning.

Gauntlett, David, and Bo Stjerne Thomsen. 2013. *Cultures of Creativity: Nurturing Creative Mindsets across Cultures*. The LEGO Foundation.

Gopnik, Alison. 2010. "A Conversation with Dr. Alison Gopnik." *Teaching Young Children* 3 (2): 26–27.

Hale, Christy. 2012. *Dreaming Up: A Celebration of Building*. New York: Lee and Low Books.

Hansel, Rosanne Regan. 2017. *Creative Block Play: A Comprehensive Guide to Learning through Building*. St. Paul, MN: Redleaf Press.

Heard, Georgia, and Jennifer McDonough. 2009. *A Place for Wonder: Reading and Writing Nonfiction in the Primary Grades*. Portland, ME: Stenhouse Publishers.

Helakoski, Leslie. 2008. *Woolbur*. New York: HarperCollins.

Howes, Katey. 2019. *Be a Maker*. Minneapolis, MN: Carolrhoda Books.

Ingold, Tim. 2012. *Thinking through Making*. Presentation from the Institute for Northern Culture's Tales from the North.

Kind, Sylvia. 2014. "Material Encounters." Special issue on Materiality in Early Childhood Studies, *International Journal of Child, Youth and Family Studies* 5 (4.2): 865–77.

Lange, Alexandra. 2018. *The Design of Childhood: How the Material World Shapes Independent Kids*. New York: Bloomsbury.

Light, Kelly. 2014. *Louise Loves Art*. New York: HarperCollins.

Lord, Lois. 1958. *Collage and Construction in Grades 1–4*. New

York: Scholastic.

Malaguzzi, Loris. 1998. "History, Ideas, and Basic Philosophy: An Interview with Lella Gandini." *The Hundred Languages of Children: The Reggio Emilia Approach—Advanced Reflections*, 2nd ed., edited by Carolyn Edwards, Lella Gandini, and George Forman, 49–97. Westport, CT: Ablex Publishing.

Massey, Kelly J. 2017. "Art at the Heart: Creating a Meaningful Art Curriculum for Young Children." *Young Children* 72 (5): 8–13.

Masterson, Marie L., and Holly Bohart, eds. 2019. *Serious Fun: How Guided Play Extends Children's Learning*. Washington, DC: National Association for the Education of Young Children.

McGalliard, Mike. 2016. "From a Movie to a Movement: *Caine's Arcade* and the Imagination Foundation." In *Makeology: Makers as Learners*, vol. 2, edited by Kylie Peppler, Erica Rosenfeld Halverson, and Yasmin B. Kafai, 111–24. New York: Routledge.

Merenstein, Shannon. 2018. *Collage Workshop for Kids: Rip, Snip, Cut, and Create with Inspiration from the Eric Carle Museum*. Beverly, MA: Quarry Books.

Mraz, Kristine, and Christine Hertz. 2015. *A Mindset for Learning: Teaching the Traits of Joyful, Independent Growth*. Portsmouth, NH: Heinemann.

Mraz, Kristine, Alison Porcelli, and Cheryl Tyler. 2016. *Purposeful Play: A Teacher's Guide to Igniting Deep and Joyful Learning across the Day*. Portsmouth, NH: Heinemann.

NAEYC (National Association for the Education of Young Children).

2009. "Developmentally Appropriate Practice in Early Childhood Programs Serving Children from Birth through Age 8."

NGSS Lead States. 2013. *Next Generation Science Standards*.

NSTA (National Science Teaching Association). 2014. "Early Childhood Science Education."

Pacini-Ketchabaw, Veronica, Sylvia Kind, and Laurie L. M. Kocher. 2016. *Encounters with Materials in Early Childhood Education*. New York: Routledge.

Pelo, Ann. 2007. *The Language of Art: Inquiry-Based Studio Practices in Early Childhood Settings*. St. Paul, MN: Redleaf Press.

———. 2017. *The Language of Art: Inquiry-Based Studio Practices in Early Childhood Settings*, 2nd ed. St. Paul, MN: Redleaf Press.

Penfold, Louisa. 2019. "Material Matters in Children's Creative Learning." *Journal of Design and Science*, February 19.

Peppler, Kylie, Erica Rosenfeld Halverson, and Yasmin B. Kafai. 2016. "Introduction to This Volume." In *Makeology: Makers as Learners*, edited by Kylie Peppler, Erica Rosenfeld Halverson, and Yasmin B. Kafai, 1–11. New York: Routledge.

Rainville, Kristin, and Bill Gordh. 2016. "Toward a Narrative Classroom: Storytelling, Media, and Literacy." *Young Children* 71 (4): 76–81.

Regalla, Lisa. 2016. "Developing a Maker Mindset." In *Makeology: Makerspaces as Learning Environments*, vol. 1, edited by Kylie Peppler, Erica Rosenfeld Halverson, and Yasmin B. Kafai, 257–71. New York: Routledge.

Resnick, Mitchel. 2016. "All I Really Need to Know (About Creative

Thinking) I Learned (By Studying How Children Learn) in Kindergarten." MIT Media Lab.

Resnick, Mitchel, Elyse Eidman-Aadahl, and Dale Dougherty. 2016. "Making–Writing–Coding." In *Makeology: Makers as Learners*, vol. 2, edited by Kylie Peppler, Erica Rosenfeld Halverson, and Yasmin B. Kafai, 229–40. New York: Routledge.

Rucci, Barbara. 2016. *Art Workshop for Children*. Beverly, MA: Quarry Books.

Smith, Sheila Dorothy. 2012. *Sandtray Play and Storymaking: A Hands-on Approach to Build Academic, Social, and Emotional Skills in Mainstream and Special Education*. London: Jessica Kingsley.

Stephens, Cassie. 2017. *Clay Lab for Kids: 52 Projects to Make, Model, and Mold with Air-Dry, Polymer, and Homemade Clay*. Beverly, MA: Quarry Books.

———. 2019. *Stitch and String Lab for Kids: 40+ Creative Projects to Sew, Embroider, Weave, Wrap, and Tie*. Beverly, MA: Quarry Books.

Taguchi, Hillevi Lenz. 2011. "Investigating Learning, Participation and Becoming in Early Childhood Practices with a Relational Materialist Approach." *Global Studies of Childhood* 1 (1): 36–50.

Taylor, Terry. 2014. *Clay Play! 24 Whimsical Projects*. Mineola, NY: Dover.

Texley, Juliana, and Ruth M. Ruud. 2018. *Teaching STEM Literacy: A Constructive Approach for Ages 3 to 8*. St. Paul, MN: Redleaf Press.

Topal, Cathy Weisman, and Lella Gandini. 1999. *Beautiful Stuff! Learning with Found Materials*. Worcester, MA: Davis.

VanDerwater, Amy Ludwig. 2018. *With My Hands: Poems about Making Things*. New York: Clarion Books.

Wagner, Tony. 2012. *Creating Innovators: The Making of Young People Who Will Change the World*. New York: Scribner.

Wardrip, Peter S., and Lisa Brahms. 2014. "Mobile MAKESHOP: Preliminary Findings from Two School Sites."

——. 2015. "Learning Practices of Making: Developing a Framework for Design." Proceedings of the 14th International Conference on Interaction Design and Children, 375–78.

Wilkinson, Karen, and Mike Petrich. 2014. *The Art of Tinkering: Meet 150+ Makers Working at the Intersection of Art, Science and Technology*. San Francisco: Weldon Owen.

Wohlwend, Karen. 2008. "Play as a Literacy of Possibilities: Expanding Meanings in Practices, Materials, and Spaces." *Language Arts* 86 (2): 127–36.

——. 2013. *Literacy Playshop: New Literacies, Popular Media, and Play in the Early Childhood Classroom*. New York: Teachers College Press.

"幼儿园区域活动材料丛书"
（全彩）

王微丽　霍力岩　主编

《幼儿园区域活动（第二版）》　　定价：78.00元
《幼儿园语言区材料设计与评价》　定价：60.00元
《幼儿园数学区材料设计与评价》　定价：60.00元
《幼儿园生活区材料设计与评价》　定价：60.00元
《幼儿园科学区材料设计与评价》　定价：60.00元
《幼儿园社会区材料设计与评价》　定价：60.00元
《幼儿园艺术区材料设计与评价》　定价：60.00元

以丛书为代表性成果的研究荣获"广东省教育教学成果（基础教育类）一等奖"

"幼儿园区域活动材料丛书"与《幼儿园区域活动——环境创设与活动设计方法》相得益彰，全面地展示了幼儿园区域环境创设、材料设计与投放、活动开展与评价的方法……

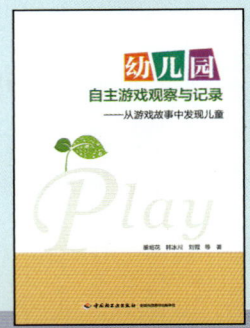

《以游戏为中心的幼儿园课程》
【美】Judith Van Hoorn 等 著
史明洁 等 译
定价：82.00元

美国幼儿游戏研究领域的先驱者，手把手教你如何把游戏故事、游戏理论和幼儿园五大领域课程完美地结合起来。

《幼儿园自主游戏观察与记录
——从游戏故事中发现儿童》（全彩）
董旭花 等 著
定价：58.00元

我国著名幼教专家董旭花老师在这本书中告诉我们——"儿童是有能力、有自信的学习者和沟通者"。

《幼儿园户外环境创设与活动指导》（全彩）
董旭花 等 著
定价：72.00元

国内第一本从理论到实践，系统阐述幼儿园户外环境创设的图书。

《幼儿教育课程》（第四版）
【美】K. E. Catron 等 著 李敏谊 等 译
定价：82.00元

我们不应该把课程看作一个包装好的产品，而应该把它看作一个动态的和发展的过程。

专业图书，陪伴您的专业成长。扫一扫下方二维码，更多优质图书等着您！

万千教育微信公众号

扫码查看万千幼教书目